Documents sur la guerre de 1870-1871

LES AMBULANCES DE PARIS PENDANT LE SIÉGE

PAR

ALEXANDRE PIEDAGNEL

Puisse la main qui s'ouvre être toujours pleine!
(Proverbe gaélique.)

PARIS
LIBRAIRIE GÉNÉRALE
DÉPOT CENTRAL DES ÉDITEURS
72, BOULEVARD HAUSSMANN, ET RUE DU HAVRE

BRUXELLES
OFFICE DE PUBLICITÉ

VERSAILLES
CHEZ O. BERNARD

M.DCCC.LXXII

LES

AMBULANCES DE PARIS

ALEXANDRE PIEDAGNEL

LES AMBULANCES DE PARIS

PENDANT LE SIÉGE

(1870-1871)

Puisse la main qui s'ouvre être toujours pleine!

(Proverbe gaélique)

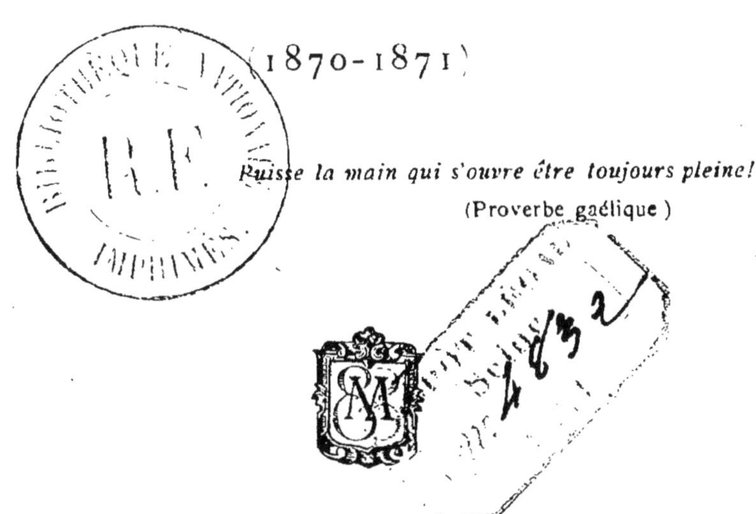

PARIS

LIBRAIRIE GÉNÉRALE

DÉPOT CENTRAL DES ÉDITEURS

72, BOULEVARD HAUSSMANN, ET RUE DU HAVRE

M.DCCC.LXXI

En écrivant au jour le jour, dans Paris assiégé, ces notes rapides, — que nous réunissons sans modifier leur physionomie primitive, — nous ne cherchions point à éviter certaines répétitions. Le mot dévouement, *par exemple, s'y trouve bien souvent. Comment, d'ailleurs, le supprimer, voulant être sincère? Le mot* espérance *revenait fréquemment, lui aussi, sous notre plume. Il était alors sur toutes les lèvres!... Chacun possédait le courage et la foi. La pensée fortifiante du succès possible, après tant de souffrances patiemment subies, remplissait tous les cœurs en ces longs mois d'épreuves.*

Hélas! que d'illusions disparues!

Cependant, grâce au Ciel, malgré tant de luttes sanglantes et d'orages terribles, il est encore permis d'espérer et de croire!

Le triomphe de la force brutale, de la ruse odieuse, ne saurait être durable.

N'en doutons pas, une heure glorieuse viendra où la France loyale, sagement réorganisée, vaincra à son tour.

Évoquons donc, pour retremper nos âmes, les lugubres souvenirs de cette guerre affreuse, et, songeant à tous ceux qui sont morts, pleins de jeunesse et de noble enthousiasme, sachons, avec énergie et persévérance, nous préparer à la revanche éclatante !

A. P.

Passy, septembre 1871.

LES

AMBULANCES DE PARIS

PENDANT LE SIÉGE

Paris, samedi 3 décembre.

L'année 1870, si fertile, hélas! en amères déceptions, en misères, en douleurs indicibles, va bientôt finir; la France, qui lutte avec tant d'héroïsme, aura-t-elle chassé les hordes prussiennes avant le 31 décembre?..... La bravoure, l'intrépidité, sont du moins à la hauteur du péril!

Voici le mois où, l'an dernier encore, fidèle à ses habitudes, Paris se préoccupait des *Revues*. Chaque théâtre voulait offrir la sienne, plus brillante que celle du voisin. Décors, costumes, trucs, rondeaux, ballets, lumière électrique, rien n'était épargné, — sauf, parfois, le sel dans le dialogue.

il fallait trouver, à tout prix, quelque chose d'étonnant, afin de tenir en éveil la curiosité parisienne.

Que cela est loin! Aujourd'hui le succès appartient uniquement aux aspirations nobles et généreuses. Paris a d'autres préoccupations! Transfiguré, il résiste avec une admirable énergie aux privations toujours croissantes d'un siége de près de quatre-vingts jours. Il veut la victoire, et sait la mériter. Chacun poursuit le même but, tous les cœurs n'ont qu'une ferme espérance. Tant d'efforts surhumains n'amèneront-ils pas enfin le triomphe des armes françaises?...

Tandis que nos soldats rivalisent de courageuse ténacité, et se montrent ainsi dignes de leurs chefs, prêts à mourir pour le salut du pays, Paris, comprenant les saints devoirs que lui impose cette situation terrible, s'est transformé d'une façon soudaine, merveilleuse et touchante. Plus de toilettes, plus de fêtes, plus de pensées frivoles!

Mais nul ne se laisse abattre par les épreuves incessantes. Chacun, au contraire, tient à honneur d'affirmer son patriotisme autrement que par des paroles, et maintenant, à toute heure, dans cette grande ville naguère si éprise des plaisirs bruyants, il se passe des choses émouvantes qui consolent et qui fortifient. On éprouve sans cesse et partout le besoin impérieux de se rendre utile : jeunes et vieux, riches et pauvres, tout le monde veut contribuer à la défense nationale.

Aussi les ambulances naissent comme par miracle et se soutiennent de même, malgré les difficultés de la vie matérielle. Le nombre en est déjà fort considérable, et dans tous les quartiers, jusque dans les églises, on en improvise encore, sans relâche, avec un ardent désir de venir en aide, le plus possible, aux héros qui tombent en combattant pour la liberté, pour la patrie.

Il nous a semblé qu'une revue rapide de ces ambulances de tout genre serait intéressante.

Nous visiterons donc, sans le moindre parti pris, et presque au hasard de la route, les établissements militaires, municipaux et privés, les ambulances de la Presse et de la Société Internationale, en écrivant, au fur et à mesure, nos impressions sincères. — Il sera, croyons-nous, d'un bon exemple de montrer à quel point le dévouement des assiégés a été ingénieux, fécond et infatigable.

Ce que nous avons déjà vu nous a vivement frappé, et, dès demain, avec l'intention de la continuer d'une manière suivie, nous commencerons notre revue — de fin d'année.

Dimanche, 4 décembre

MINISTÈRE DE LA MARINE.

Dans les salons dorés du ministre, où la Patti, Faure et tant d'autres artistes d'élite se faisaient applaudir par un auditoire brillant et choisi, — le *tout Paris* d'autrefois, — se trouvent cent lits, occupés par des malades appartenant uniquement à la marine.

Les journaux ont de fréquentes occasions de rendre justice à nos marins, qui collaborent d'une façon si active et si énergique à la défense de la capitale ; — mais les actes de courage coûtent cher parfois ! et les souffrances aiguës des pauvres blessés soignés au ministère le prouvent trop éloquemment.

Partout, dans cet *hôpital maritime*, règnent un ordre et une propreté irréprochables.

Çà et là, on a établi de hauts paravents ; d'énormes bûches flambent en pétillant dans les cheminées richement sculptées ; les sœurs de la Sagesse, vêtues de gris et de blanc, vont et viennent d'un pas vif et discret. Ce sont des marins qui servent d'infirmiers. S'épanouissant au-dessus du large collet bleu, leurs bonnes figures, hâlées par l'âpre vent de la mer et agrémentées d'épais favoris, font plaisir à voir, sous leurs bérets de molleton crânement posés en arrière.

Avec des chirurgiens tels que M. le docteur Reynaud, inspecteur général du service de santé, et MM. Walther, Mahé et Riché, on peut s'attendre à des guérisons miraculeuses.

Et les miracles ont lieu, en effet, car, sans recourir à ce moyen extrême : l'amputation, ces habiles praticiens parviennent à guérir assez rapidement des blessures affreuses, qui auraient été considérées comme incurables il y a quelques années encore.

Depuis l'ouverture de l'ambulance, il n'y est mort qu'un blessé, arrivé d'Épinay dans un état désespéré.

* * *

Nous avons éprouvé hier une profonde émotion en serrant la main du commandant Massiou, nommé capitaine de vaisseau en récompense de sa conduite héroïque à Bondy (24 novembre).

La *Vérité* l'avait tué, — annonçant à ses lecteurs qu'il venait de succomber après une amputation. Et même, cette triste nouvelle s'étant vite répandue, plusieurs personnes étaient allées à l'ambulance du ministère de la marine, demander l'heure précise des obsèques du vaillant officier.

Non-seulement l'opération n'a point été faite, mais encore, Dieu merci ! elle ne sera pas nécessaire.

Le commandant va beaucoup mieux. La gravité de sa blessure à la jambe le condamne momentanément, par exemple, à une immobilité complète, ce qui, pour cette nature ardente, est un vrai supplice.

Il lui en coûte plus qu'on ne saurait l'exprimer de rester inactif dans ces jours de luttes acharnées et décisives !

Lundi, 5 décembre

CHEMIN DE FER D'ORLÉANS,

Rue de Londres et rue du Chevaleret.

Deux ambulances — formant en totalité cent dix lits — ont été installées simultanément, et dans les meilleures conditions, par la Compagnie du chemin de fer d'Orléans.

Un coup d'œil jeté sur l'ambulance de la rue de Londres nous mettra à même d'apprécier l'ensemble de l'œuvre.

Depuis le mois d'août on y a traité beaucoup de blessés. Le chirurgien principal est M. Hénocque. Trois sœurs de saint Vincent de Paul et deux internes, présents jour et nuit, soignent nos soldats avec un zèle intelligent. Mme Solacroup, femme du directeur général, obéissant à son cœur, a déjà passé, elle aussi, bien des nuits au chevet des malades!

La Compagnie solde toutes les dépenses, et veille à ce que rien ne manque à ses pensionnaires.

Le local est des plus favorables. On a utilisé pour les

blessés la vaste salle des bordereaux, située au rez-de-chaussée.

M. Courras, ingénieur attaché à la direction, nous a fourni tous les renseignements utiles avec une extrême obligeance. Nous lui devons de pouvoir citer ce fait touchant :

Un terrassier appartenant au corps du génie volontaire, ayant été grièvement blessé à Bobigny, fut transporté à l'ambulance de la rue de Londres. Comme la vie de ce pauvre homme paraissait en danger, on lui demanda s'il ne désirait pas voir quelqu'un, parent ou ami.

« Mon Dieu ! fit-il, je n'ai plus que ma fillette — qui doit aller sur ses quinze ans.

— Eh bien, où est-elle?

— Ah! voilà. Maintenant je n'en sais trop rien au juste. Il y a eu quatre ans à la Saint-Michel, manquant de tout, désespéré, et venant d'apprendre d'un camarade qu'à la barrière d'Italie il y avait une maison d'asile, dirigée par une demoiselle Delaporte, et où l'on élevait des orphelines dénuées de ressources, j'y conduisis ma petite, le cœur gros et sans la prévenir. Je sonnai, et, aussitôt la porte entr'ouverte, je poussai mon enfant dans la maison et me sauvai comme un voleur, ne sachant trop comment parler pour expliquer mon action. On courut après moi. « Que faites-« vous? que voulez-vous? Votre nom? Qu'est-ce que cette « petite? »

« Ah! ma foi, je me mis à pleurer, en disant : « Gardez-« la; autrement elle se perdra, c'est sûr, ou mourra de faim « dans mon taudis. Je ne peux rien vous dire de plus ..

« Elle s'appelle Céline. » Et je me remis à courir, et d'une fameuse force encore !

« Depuis, j'ai souvent déménagé, j'ai bien des fois manqué de travail et même de pain, buvant par occasion un peu trop, pour m'étourdir, — et je n'en ai jamais eu de nouvelles. Je ne pouvais pas, du reste, aller la chercher, la mignonne, car j'étais toujours aussi malheureux, et même davantage. Voilà mon excuse... Aujourd'hui, j'aimerais bien à l'embrasser. Elle doit être *grandette*, à présent ! »

*
* *

On va aux renseignements ; tout est exact. — L'enfant est amenée en hâte. Le père et la fille s'embrassent en fondant en larmes, et du meilleur de leur cœur. Cette réunion, si douce, fait grand bien au pauvre homme. L'opération, jugée nécessaire, réussit à merveille.

Le voilà convalescent, après bien des jours de cruelle souffrance. La petite Céline, avec ses caresses, n'a pas peu contribué à cet heureux résultat, presque inespéré.

Le directeur général de la Compagnie du chemin de fer d'Orléans, ayant sans retard chaleureusement plaidé la cause de ces braves gens, vient d'obtenir du ministère des travaux publics (dont dépend le corps du génie volontaire) un secours de cinq cents francs, — qui commencera la dot de la jeune fille.

Mardi, 6 décembre.

M. KLEIN,

Rue Nicolo.

Cette ambulance privée est la première qui ait été fondée à Passy. Tout concourt à la rendre digne d'une sympathique attention.

M. et Mme Klein, pour lesquels d'ailleurs la générosité et l'obligeance sont de vieilles habitudes, ont tenu à se consacrer aux défenseurs du pays. Ils ont, en conséquence, établi dans leur hôtel vingt-trois lits, presque tous occupés aujourd'hui.

Les véritables maîtres de ce luxueux et élégant logis sont donc, depuis plus de trois mois, nos braves soldats. Le fondateur de l'ambulance, — il nous le disait lui-même ce matin avec un bon sourire, — n'ambitionne qu'un titre : celui de « frère pourvoyeur de la communauté ». Pourvoyeur ! quelles importantes fonctions, en temps de siége surtout ! Certes, M. Klein n'a pas choisi là une sinécure.

Chaque jour surviennent des préoccupations nouvelles, des embarras plus grands encore que la veille, mais dont triomphe néanmoins à la satisfaction générale un admirable dévouement.

Le Cercle de Passy a contribué à subvenir aux premières dépenses, et M. Klein (ancien juge au tribunal de commerce, ancien adjoint au maire, etc.), président du Cercle, a voulu prendre à sa charge l'entretien de l'ambulance jusqu'à la fin de nos malheurs.

Jardins, serres, vastes galeries riches en objets d'art, — qui témoignent du goût délicat du propriétaire, — bonne alimentation, soins constants, rien ne fait défaut aux malades cordialement accueillis rue Nicolo.

Les lits, blancs et moelleux, sont alignés dans de beaux salons bien éclairés, ayant vue sur un jardin orné de statues gracieuses, et où abondent des arbres verts qui égayent le paysage. Le jardin d'hiver, décoré à merveille et rempli de plantes exotiques, est pour les convalescents une succursale du paradis terrestre. On y fume, on y lit les journaux, on y cause à loisir, on y joue au loto, aux cartes, aux dominos, aux échecs.... En résumé, nos chers héros, officiers et soldats, — impatients, malgré tout ce confortable, de recommencer la lutte, — reprennent promptement des forces dans cette douce atmosphère de franche hospitalité.

M. le docteur Moreau, ami de la maison, est le médecin en chef de l'ambulance.

Le service de l'infirmerie est fait par M. et Mme Klein, qui ont déjà passé de nombreuses nuits au chevet de leurs malades; par une sœur de la Sagesse, et plusieurs dames de Passy, — engagées volontaires!

Et quel zèle, quelle activité! Chacun a son département. Les pansements se font avec méthode, la lingerie est toujours en ordre, les repas — ô miracle! — sont variés; tout marche à souhait, parce que personne ne perd de vue cette pensée, si pleine d'actualité : être utile.

Dans un ou deux journaux nous avons lu que l'ambulance dont nous parlons était réservée aux officiers. Il ne faut pas laisser subsister cette erreur. M. Klein est un patriote sincère, et il ne lui serait jamais venu à l'esprit d'établir de pareilles distinctions.

Sa maison est ouverte à tous les défenseurs de la patrie.

Mercredi, 7 décembre

ÉCOLE DES FRÈRES,

Rue Raynouard.

Établissement très-vaste et parfaitement disposé.

En avant du principal corps de logis s'étend un jardin bien dessiné ; du côté opposé est une immense cour plantée d'arbres. Donc, beaucoup d'air pur et un coup d'œil récréatif, même en hiver.

L'ambulance a été installée dans les dortoirs et les classes. Elle contient cent lits, et l'extrême propreté qui règne dans toutes les salles ravirait la plus exigeante des ménagères hollandaises.

Depuis le 9 septembre, date de l'ouverture, près de six cents malades ont été soignés dans cette maison hospitalière. Maintenant il y en a quatre-vingt-sept, la plupart en pleine voie de guérison.

Plusieurs opérations importantes ont déjà été faites avec un succès complet par M. le docteur Vilette, ancien chirurgien en chef de la marine à Pondichéry, homme de cœur et de talent, heureux de donner quotidiennement ses soins aux blessés de l'ambulance.

Nuit et jour, les frères s'occupent des malades, et jamais ils ne semblent fatigués de leur tâche, si absorbante cependant. Leur physionomie révèle combien ils sont fiers de contribuer à l'œuvre sainte de la défense. Quoique d'un âge assez avancé, le directeur, frère Libanos, est, lui aussi, infatigable. Quant au sous-directeur, il a fallu, le 2 décembre, à la Plâtrière, le forcer à s'éloigner du champ de bataille. Parti le matin, vers six heures, avec onze frères de la maison, il est resté en leur compagnie toute la journée et la nuit suivante, à Champigny, occupé à relever les blessés et à enterrer les victimes du sanglant combat.

On nous a raconté le fait suivant, qui date de vendredi dernier :

Pendant que la fusillade acharnée accompagnait l'ouragan des canons et des mitrailleuses, un frère de la doctrine chrétienne accomplissait à Champigny sa mission de paix et de charité, lorsqu'un bataillon de zouaves passa tout à côté de lui. L'un de ses anciens élèves devenu capitaine, le reconnaissant, court lui serrer la main. Au même instant un obus éclate aux pieds du frère et atteint le brave officier, qui tombe dans les bras de son maître d'autrefois.

Celui-ci, sans perdre une minute, et en dépit des balles qui sifflaient avec fureur, emporta le blessé dans une ferme en ruines, située à une assez grande distance, risquant à chaque pas de payer cher son courage.

Grâce à Dieu, il n'est rien arrivé au digne frère, et son ancien élève est complétement hors de danger.

Jeudi, 8 décembre

M. LE DOCTEUR BLANCHE,

Rue Berton et quai de Passy.

Une véritable ambulance de *famille*, — en d'autres termes, tout ce que l'on peut souhaiter de meilleur pour nos pauvres blessés.

L'établissement du célèbre aliéniste se trouve dans d'excellentes conditions, à tous égards. — Maison vaste, parc fort étendu, bon air par conséquent. — Quant aux soins, ils ne laissent non plus rien à désirer. M. le docteur Alphonse Guérin est le chirurgien de l'ambulance, et c'est assez dire. MM. les docteurs Blanche et Meuriot se sont chargés du service médical, et ils y ajoutent à l'occasion les fonctions d'infirmiers, dont ils s'acquittent d'une manière qui leur vaut une vive reconnaissance.

Dix lits ont été, dès les premiers événements, réservés aux blessés militaires.

Tous les frais sont supportés par M. le docteur Blanche, et il n'est pas besoin de le regarder longtemps pour voir à quel point il s'estime heureux de soigner nos braves soldats.

Au moment de notre arrivée dans l'ambulance de la rue Berton, l'heure de la visite du soir, avant le dîner des malades, allait sonner. M. Blanche, le directeur, qui nous a accueilli avec une cordialité charmante, — et que, du reste, nous avions eu le plaisir de rencontrer souvent, quand nous allions causer le dimanche avec Antony Deschamps, ce vrai poëte, si vite oublié ! — nous a engagé à l'accompagner.

Parmi ses hôtes, actuellement au nombre de huit, figurent un cuirassier de Reichshoffen, le nommé Ohr, un artilleur blessé à la Malmaison, et les trois premiers gardes nationaux du 72e bataillon, atteints d'une façon très-sérieuse à Bondy, en combattant glorieusement, le 24 novembre : le caporal Lefranc, et MM. Noisan et Pain. Les malades sont tous en voie de rétablissement, et même trois d'entre eux commencent à marcher.

Leurs blessures étaient fort graves, mais le docteur Alph. Guérin est parvenu à éviter les amputations, qu'au premier abord on aurait jugées indispensables. La science chirurgicale, sans cesse en progrès, obtient souvent ainsi des résultats qui tiennent du prodige.

*
* *

En nous reconduisant, M. Blanche, à propos de la situation présente, nous parlait des terribles effets produits par l'abus des liqueurs fortes.

« Depuis quelques semaines surtout, nous disait il avec tristesse, les cas de folie alcoolique se multiplient d'une manière effrayante. L'habitude — si précieuse — du travail régulier se perd, et les cabarets sont toujours pleins. Les marchands de vins et liqueurs seuls font des affaires!... L'hôpital Sainte-Anne reçoit beaucoup de ces victimes de l'alcool; rien n'est plus navrant que la vue des malheureux atteints de cette maladie funeste. Mais, hélas! dans les circonstances actuelles, il est bien difficile, sinon impossible, de remédier à un tel état de choses! »

Mme Vve MÉNIER ET Mlle LOUISE BADER,

Rue Singer.

Encore une ambulance privée admirablement tenue.

Les fondatrices-directrices ont pris à leur charge, dès le commencement de la guerre, tous les frais d'organisation et d'entretien, et n'ont, à coup sûr, rien négligé. Elles se dévouent sans relâche; aussi leurs pensionnaires ne tarissent pas en remerciements sincères.

Au rez-de-chaussée d'un élégant hôtel (avec beau jardin), six lits, tous occupés. Mlle Louise Bader, directrice de la *Revue populaire de Paris*, et son frère, docteur en médecine, se consacrent entièrement aux blessés. Ici, comme chez M. Blanche, on ne se borne point à les traiter, on les gâte.

Quelle consolation puissante, pour ces soldats héroïques qui sont loin de leurs familles, de s'asseoir, convalescents, après de cruelles souffrances, au foyer hospitalier des Parisiens reconnaissants !...

Nous en sommes persuadé, Paris renferme dès maintenant beaucoup d'ambulances du genre de celles que nous venons de visiter : en ce temps d'épreuves, il n'y en aura jamais trop.

Chemin faisant, nous nous proposons de les signaler le plus possible, — nous réservant, d'ailleurs, bien entendu, si des installations nous paraissaient peu convenables, de le déclarer non moins franchement.

COMITÉ DES AMBULANCES DE LA PRESSE,

Rue du Helder.

Une souscription patriotique en faveur des armées françaises, organisée en juillet 1870 par le *Gaulois*, — avec le concours de beaucoup d'autres journaux de Paris et de la province, — ayant produit près d'un million deux cent mille francs, le Comité des *Ambulances de la Presse* a rendu, dès le début de la guerre, à l'aide de cette somme considérable et de dons en nature, des services exceptionnels au pays.

Il a créé douze hôpitaux-ambulances et trente ambulances annexes.

En outre, sur la ligne d'investissement de la capitale, il a établi cinq postes où se tiennent des médecins et des brancardiers, munis de tout le matériel nécessaire pour le premier pansement et l'enlèvement des blessés et des malades.

Les jours de sortie, deux cents voitures, chargées de matelas, couvertures et brancards, emmènent sur le lieu du combat un personnel qui a pour mission de recueillir les blessés, — et dont le courageux dévouement a été déjà souvent constaté.

Un rapport officiel, destiné aux membres de l'assemblée générale de la Presse, évalue à douze mille le nombre des hommes qui ont été ramassés, du mois d'août jusqu'à présent, sur les différents champs de bataille, par les postes mobiles et les escouades de la Société.

Le Comité des Ambulances de la Presse est ainsi composé :

M le docteur Ricord, président, chirurgien en chef; M. Demarquay, chef des ambulances mobiles; M. Edmond Tarbé; M. de la Grangerie, secrétaire général; Mgr Baüer, aumônier en chef; M. Armand Gouzien, secrétaire.

Avant de terminer cet exposé, n'oublions pas de dire un mot des trente baraques-ambulances que l'on est en train de construire, fort ingénieusement, avenue de Longchamps, — aux frais de la Société de la Presse, aidée par le génie et l'intendance.

Elles forment une sorte de petit village d'un agréable aspect [1].

M. le docteur Ricord, qui s'est voué à l'œuvre des ambulances avec une ardeur et une énergie admirables, ne s'accorde pas un instant de repos.

L'illustre chirurgien est véritablement, et à tous les points de vue, l'âme du Comité.

1. Ce village-hôpital a été peuplé de fiévreux et de blessés, depuis le commencement de 1871 jusqu'à la fin des événements.

Samedi, 10 décembre.

AMBULANCE DU LOUVRE.

La Bretagne à Paris ! Le jeune mobile dont François Coppée nous communiquait l'autre jour une lettre poétique, pleine d'émotion douce et de sentiments généreux, serait là en famille. Tous Bretons bretonnant, dans cette ambulance de vingt lits, parfaitement installée au premier étage des vastes magasins du Louvre, — et qui fait partie des nombreux établissements de la Presse.

Le médecin en chef, M. le docteur L'Allour, Breton lui aussi, soigne ses malades d'une façon toute paternelle, vraiment touchante. Il leur appartient corps et âme. En des temps plus calmes, médecin inspecteur du service balnéo-thérapique de la Seine, ce digne praticien remplit actuellement les fonctions de directeur des ambulances bretonnes de la Presse, auxquelles il rend de grands services, étant, du reste, secondé à merveille, en ce qui concerne l'ambulance du Louvre, par M. le docteur Montargis, par deux sœurs de l'Espérance, actives et dévouées, et par l'infatigable père Jouan, l'aumônier, — encore un Breton !

« Vous avez eu, depuis le 1er octobre, beaucoup de

mobiles dangereusement malades, des fièvres typhoïdes, des pneumonies, etc., — disions-nous récemment à M. L'Allour, après avoir feuilleté son registre d'entrées ; — et sur cinquante environ, traités ici, vous n'en avez perdu que deux ! Le local est favorable, mais cela ne suffit pas. Comment faites-vous donc ?

— Ma méthode n'a rien d'extraordinaire. Voici mon secret en deux mots. Je ne me contente point de la visite réglementaire du matin ; chaque jour, moi-même, je vois tous ces enfants, au moins trois fois, à huit heures, à deux heures et à minuit. Par conséquent, aucun symptôme ne m'échappe, et, suivant le mal pas à pas, je puis le combattre plus sûrement. »

L'excellent docteur aurait pu ajouter qu'il joignait au traitement physique de ses « clients » une médication morale des plus réconfortantes. Nous savons, en effet, qu'il saisit toutes les occasions de leur parler (dans leur pittoresque langage) du pays natal et de leurs affections. Comme il a gardé précieusement le souvenir de son agreste Bretagne, à l'un il rappelle le clocher moussu de son cher village, les fleurs d'or innombrables des ajoncs de la lande, et le menhir, à propos duquel on raconte de si merveilleuses histoires à la veillée ; avec l'autre, il plaisante en souriant, pour écarter les tristes pensées ; il prodigue à un troisième des encouragements, des consolations chaleureuses, s'il s'agit de chasser une nostalgie opiniâtre et funeste.

D'ailleurs, ces jeunes et vaillants soldats sont particulièrement sympathiques. Leur foi est ardente et robuste. Les pratiques religieuses, — quoi qu'en disent les sceptiques,

— n'empêchent point d'être brave On aurait grand tort de se moquer (mais personne n'y songe) de la dévotion naïve des mobiles bretons,

> Car aux mauvais railleurs ils ont fait la promesse
> De bien montrer comment on meurt après la messe.

Ce serment a été loyalement tenu en toute circonstance, et plus d'un déjà parmi ces intrépides adolescents, fidèle à son devoir, a été, hélas ! frappé mortellement au champ d'honneur.

Le matin, avant la visite, les « enfants » du docteur L'Allour s'agenouillent sur leurs lits et récitent avec ferveur et en commun la prière. Ils aiment sincèrement leur vieil aumônier, auquel ils demandent souvent conseil, et, une fois guéris, s'ils sollicitent quelques heures de liberté, c'est pour se rendre à l'ambulance, y serrer la main des médecins et prendre des nouvelles de leurs camarades. La semaine dernière, l'un de ces mobiles, complétement rétabli, était venu s'asseoir au chevet d'un pauvre Breton, né comme lui dans ce Morbihan qu'a si bien chanté Brizeux, et très-souffrant de douleurs rhumatismales. — Des rhumatismes à vingt ans !

« J'ai toujours froid, et pourtant l'on me soigne bien ici, disait le malade.

— Attends, je reviendrai demain te voir. J'ai deux gilets de flanelle épaisse dans mon sac, je t'en apporterai un.

— Mais toi ?

— Bah ! je suis solide à présent. Laisse-moi faire ; et même, tiens... » Et il dénoua lestement la ceinture de laine rouge qu'il portait. « Tu vas te rouler ça comme il faut, et tu ne t'en trouveras pas mal, je t'en réponds ! surtout quand tu auras repris ton service.

— Mais toi... tu n'as pas d'argent, je le sais.

— Moi ? j'ai toujours trop chaud ! »

Et le brave garçon s'en alla d'un pied léger, le cœur content, sans vouloir écouter davantage les observations du malade.

Mercredi, 14 décembre.

AMBULANCE DU THÉATRE-FRANÇAIS.

Mmes Favart et Victoria Lafontaine nous ont fait gracieusement les honneurs de cette ambulance, et nous avons été vivement impressionné en voyant quels soins délicats reçoivent nos chers blessés dans la maison de Corneille et de Molière.

Célimène et Arsinoé sucrent à l'envi des tisanes, Esther prépare des bandes et des compresses, la mignonne Agnès et Chérubin font de la charpie.... Tout le monde travaille ; chacun s'empresse, s'ingénie, se multiplie, — ne perdant pas de vue un seul instant que tous les efforts doivent tendre à ceci : consoler et guérir.

*
* *

Le 6 septembre dernier, la Comédie française fermait

ses portes, — qu'elle n'a rouvertes depuis que dans des circonstances exceptionnelles.

Dans le cabinet de l'administrateur, ce jour-là, Mmes Favart, Madeleine Brohan et Jouassain, MM. Édouard Thierry, Verteuil et Guillard, profondément attristés des malheurs du pays, se demandaient ce que l'on allait faire. Ces dames, spontanément, eurent la même pensée, et le même mot, parti du cœur, vint sur leurs lèvres : « Organisons *une ambulance !*

— Oui, s'occuper des pauvres blessés, dont le nombre, hélas ! sera sans nul doute considérable, adoucir leurs souffrances à force de soins assidus, ne rien négliger pour être utile en ces jours de deuil, voilà notre tâche nouvelle, telle est la mission de patriotisme et de dévouement que nous serons fières et heureuses d'accepter et à laquelle nous ne faillirons pas ! »

Les trois grandes artistes furent éloquentes, et bien vite comprises ! M. Thierry approuvant chaleureusement cette idée et promettant son concours, on se mit à l'œuvre aussitôt.

Consultés sans retard, les autres acteurs de la Comédie se montrèrent enthousiastes, eux aussi, et une souscription, à laquelle prirent part les fidèles habitués du théâtre, amena un résultat rapide et fort satisfaisant.

Mmes Madeleine Brohan, Favart et Jouassain se chargèrent des premières démarches et s'adjoignirent Mmes Victoria Lafontaine, Ricquier et Dubois, dans le but de former un comité ayant pour devoir quotidien de subvenir à toutes les dépenses, de parer à toutes les éventualités, avec l'aide constante de la direction et des amis de la Comédie française, et de tout organiser de la manière la plus confortable possible dans un très-bref délai.

Ce comité, — infatigable, du reste, — obtint d'admirables résultats. La sagesse des nations l'a dit : *Ce que femme veut, Dieu le veut !* Les obstacles furent donc vite aplanis, et le foyer se trouva transformé comme par enchantement en une ambulance de vingt-cinq lits.

On a souvent parlé de rivalités — parfois terribles ! — entre artistes applaudis. Eh bien ! à la Comédie française, à cette heure, et depuis trois mois, des artistes d'élite déploient tant de zèle, tant d'ardeur, qu'on ne saurait, en vérité, qui doit l'emporter. Mais combien cette lutte de tous les instants est digne de sympathie et d'éloges ! Ces talents si divers, si incontestables, rivalisent d'abnégation, de dévouement, de persévérante et ingénieuse charité.

Pas un lit, depuis l'ouverture (13 septembre), n'est resté vide pendant une journée ! et l'état de tous les blessés (il n'y a pas eu de fiévreux) soignés par les gracieuses et vaillantes infirmières donnait au début de grandes inquiétudes.

Voici la composition hors ligne du personnel de l'ambulance :

MM. Nélaton, Denonvilliers, Richet, Coqueret, chirurgiens ; MM. Mallez et Firmin, médecins ordinaires du théâtre.

Un interne de la Pitié et deux aides couchent régulièrement auprès des malades. Deux sœurs grises aident les six sociétaires, membres du comité. — A part deux infirmiers payés, tous les services rendus sont gratuits.

Environ cinquante blessés ont déjà reçu des soins au Théâtre-Français. Trois d'entre eux ont succombé à la suite d'amputations.

En ce moment, vingt-cinq blessés, dont six officiers, se trouvent dans le foyer du public et dans celui des acteurs, qui, sans s'arrêter aux difficultés que cela entraîne les jours de représentation, ont mis à l'entière disposition de l'ambulance leur foyer particulier.

Mlle Delphine Marquet, d'abord lingère de l'association, a voulu prendre part aux travaux de l'ambulance d'une façon encore plus active. Ses soins sont tellement assidus et intelligents que les hôtes de Corneille la considèrent comme une véritable sœur de charité.

Les attrayantes infirmières du Théâtre-Français s'attachent beaucoup, avec raison, à relever le moral des blessés.

Si les attentions délicates sont prodiguées dans l'ambulance, le confortable, précieux lui aussi, n'y laisse rien à désirer non plus. On fait trois repas par jour, et, au dessert, figurent souvent du fromage et des fruits.

Après trois mois de siége !

Les pensionnaires les plus anciens datent de Sedan. Ce sont deux prisonniers échangés ; les artistes les ont nommés « sociétaires de la Comédie française ». Nous soupçonnons ces convalescents de se laisser un peu gâter.

Où donc serait le mal ?

Le service des dames infirmières est ainsi réglé :

Mmes Madeleine Brohan et Dubois ont commencé, de

huit heures du soir jusqu'au lendemain à midi ; Mmes Favart et Lafontaine ayant pris de midi à huit heures, Mmes Ricquier et Jouassain ont continué. Les « gardes » ont marché de la sorte jusqu'à présent, sans que jamais personne ait songé à trouver le temps long.

La première fois que la Comédie française a joué, pour augmenter le nombre des canons de la défense nationale, les trois seuls militaires qui aient succombé rue de Richelieu venaient de mourir, pleins de résignation et de foi. Il est inutile d'ajouter que les artistes ont paru en scène le cœur navré. Le public ne se doutait guère de cette profonde et si légitime douleur.

Le brave soldat accueilli d'abord au foyer du Théâtre-Français n'avait pas vingt-deux ans. Il a été miraculeusement sauvé, la balle qui l'a frappé ayant rencontré un portefeuille contenant des lettres de sa mère.

Pourquoi le dissimuler? en écrivant ces lignes, nous nous surprenons à penser à Dennery !

Un détail à noter, en passant : cédant aux instantes demandes des héros soignés à la Comédie française, on leur garde les balles extraites de leurs blessures, et l'on a grand soin également de ne pas racommoder les trous faits à leurs vêtements par les projectiles prussiens.

Les derniers blessés transportés à l'ambulance du Théâtre-Français, et installés dans le foyer des artistes, sont MM. de Vigneral, colonel de la garde nationale mobile d'Ille-et-Vilaine, et Auguste Brune, lieutenant, âgé de vingt-quatre ans.

Mme la générale Trochu, en visitant récemment l'ambulance, a exprimé avec émotion au Comité ses vives félicitations.

* * *

Lorsque nous sommes arrivé, un engagé volontaire, — un vrai Parisien, de dix-neuf ans à peine, — qui avait reçu une balle dans le côté gauche, considéré d'abord comme étant en danger, venait, après plusieurs journées de soins incessants, d'être examiné par le docteur Richet, lequel déclarait répondre de sa guérison.

Nous renonçons à peindre la joie des infirmières, du chirurgien et du directeur, telle qu'elle a éclaté devant nous, spectateur imprévu.

Célimène et Agnès étaient radieuses.

Comme nous complimentions sincèrement Mlle Favart, à propos de son dévouement persévérant :

« Oh ! mon Dieu ! répondit-elle, Mme Lafontaine, — qui vient de nous quitter pour donner une potion calmante à un blessé dont l'état nous inquiète beaucoup, — et tous les autres artistes de la Comédie, ont, ainsi que moi, cherché à se rendre utiles. M. Thierry nous aidant cordialement, nous avons agi de concert, animés des mêmes sentiments. J'ai, pour ma part, fait bien peu de chose, et ce que j'ai fait n'a rien d'étonnant, ces détails m'étant familiers, car je me plais dans mon intérieur, et suis ce qu'on appelle une bonne femme de ménage.

Dona Sol une femme de ménage !

L'idée n'en viendrait certes pas au public, — mais nos soldats ne songent guère à se plaindre de cette aptitude inattendue de l'admirable interprète de *Stella* [1] !

1. Un mois environ après notre visite, on transportait à l'ambulance du Théâtre-Français, — à la suite du combat si meurtrier du 19 janvier — un artiste aussi aimé du public que de ses camarades, M. Seveste, lieutenant de la seconde compagnie des carabiniers parisiens. Une balle ennemie lui ayant entièrement brisé la boîte du genou, l'amputation eut lieu le même soir, et, dès le lendemain, le général Schmitz venait attacher aux rideaux du lit du pauvre blessé la croix de la Légion d'honneur, qu'il avait si noblement gagnée.

Hélas! deux jours plus tard, le jeune artiste, unique soutien d'une famille nombreuse, succombait, victime de son courage!

A P.

Jeudi, 15 décembre.

AMBULANCE DU PALAIS-ROYAL.

Six grands salons d'apparat du palais ont été, à partir de la fin de septembre, transformés en ambulance. Deux pièces sont réservées aux officiers. En tout, cinquante lits. Beaucoup de malades ; les blessés dominent. Il y en a de très-gravement atteints.

Un salon a été disposé pour servir de chapelle. Chaque dimanche, un aumônier y dit la messe, et le public est admis à y assister. Le produit d'une quête faite pendant l'office contribue à payer les frais d'entretien de l'ambulance, qui doit être classée parmi les plus remarquables.

Tandis que nous visitions les diverses salles, dont la température était excellente, les malades dînaient, et le repas avait un aspect fort appétissant,—chose à noter en ce temps de privations variées.

Un comité, présidé par M. le docteur Josat, et composé d'une cinquantaine de personnes dévouées, faisant toutes partie du premier arrondissement, subvient aux lourdes dépenses quotidiennes avec une générosité qui jamais ne se dément.

Trois sœurs de charité, et bon nombre de dames, que

l'on ne saurait trop louer, s'occupent de l'infirmerie, de la lingerie, etc.

Le service chirurgical et médical est confié à MM. Josat, Denonvilliers, Gosselin, Coqueret, Corlieu et Desruel, qui donnent gratuitement tous leurs soins.

L'ambulance du Palais-Royal est, en somme, indépendante, et due entièrement à l'initiative, au patriotisme d'un groupe de citoyens. Ce n'est qu'au point de vue administratif qu'elle relève de la mairie du premier arrondissement.

A ce propos, quelques notes succinctes, relatives à l'organisation des ambulances parisiennes, seront peut-être lues avec intérêt.

Dans le principe, une simple déclaration faite à la municipalité suffisait pour créer un lieu de secours destiné aux blessés et aux malades appartenant à l'armée.

On le sait, dès le début de la guerre, de grandes sociétés se sont formées pour recueillir des souscriptions, qui ont promptement atteint des chiffres très-élevés. La Société Internationale et celle de la Presse, ayant obtenu de magnifiques résultats, — plusieurs millions! — ont, sans tarder, organisé de vastes ambulances. Beaucoup de particuliers, riches et généreux, se sont empressés d'agir de même. Un peu plus tard, des centaines d'ambulances existant déjà, l'administration s'est mise en devoir de les réglementer, de leur venir en aide et d'en créer d'officielles.

Les ambulances de la Société Internationale et celles de la Presse, — qui, comme toutes les autres, remettent à l'intendance, chaque matin, des états constatant les mouvements de malades, — ne sollicitent point de secours du gouvernement. Plusieurs établissements privés, également importants (tels que ceux du Théâtre-Français, du Palais-Royal, etc.), sont dans le même cas.

Les ambulances de tout genre ont été, à part très-peu d'exceptions, réparties entre les neuf secteurs. Elles relèvent, administrativement parlant, de l'hôpital militaire dont elles sont le plus voisines.

Un inspecteur, désigné pour chaque secteur par M. Larrey, médecin en chef des armées, est chargé de surveiller au besoin le service médical, ainsi que le mouvement quotidien des entrées et des sorties.

Rappelons en passant que certains propriétaires et locataires peureux, ayant imaginé, pour protéger leurs maisons, d'arborer sans motif sérieux le drapeau adopté par la Convention de Genève, le Gouvernement a sagement pris des mesures sévères pour empêcher cet abus.

En résumé, le dévouement sincère et le patriotisme des Parisiens ont été, dans les circonstances douloureuses où se trouve la France, si actifs, si ingénieux, que le nombre des lits réservés à nos braves soldats s'élève actuellement à plus de trente mille !

Le côté pratique — et essentiel — de la question est donc déjà résolu. Telles qu'elles sont organisées aujourd'hui, la plupart des ambulances rendent, on se plaît à le reconnaître, d'immenses services au pays.

Samedi, 17 décembre.

AMBULANCE ARSÈNE HOUSSAYE,

Avenue Friedland.

L'hôtel est bien connu par ses tableaux nombreux, choisis avec art, avec amour, et par son luxe original ; le maître du logis l'est encore davantage par ses œuvres remplies de haute élégance, de fins aperçus et d'attrayante érudition, — surtout en ce qui concerne le dix-huitième siècle, qu'il a su en quelque sorte ressusciter dans ses livres charmants.

Dès le commencement de la guerre, M. Arsène Houssaye, — tandis que son fils, le jeune et éloquent historien d'Apelles, exposait sa vie comme officier de mobiles, — mettait à exécution une idée généreuse, en établissant une ambulance dans son hôtel.

A partir de l'investissement, les dix lits, réservés aux blessés ou fiévreux, n'ont pas cessé d'être occupés. Il est inutile d'ajouter que le confortable ne manque point aux hôtes du célèbre écrivain.

Presque tous les malades soignés à cette heure avenue

Friedland sont des mobiles bretons. MM. les docteurs Paquelin et Dussard, leurs médecins ordinaires, rivalisent de zèle et de dévouement.

L'un des plus sympathiques rédacteurs de l'*Artiste*, M. Charles Coligny, nous a fait, en l'absence du maître de la maison, et de la façon la plus aimable, les honneurs de l'ambulance.

Les mobiles bretons ne doutent point du succès. « Le triomphe est dû à la France, disait l'un de ces braves enfants à M. Coligny, et nous en ferions tous le serment au besoin : nous ne quitterons pas Paris *en ployant le front !* » Cette expression si fière sied bien, d'ailleurs, aux vaillants soldats qui déjà, dans ces luttes terribles, ont montré tant d'intrépidité.

Les blessés sont installés dans une galerie semblable à celle où l'on a donné ces fêtes vénitiennes admirées de « tout Paris. » La pièce, très-vaste, consacrée à l'ambulance, est remplie de tableaux de prix : une suite de portraits historiques de l'époque de la Révolution.

Dans l'autre galerie, située au premier étage, se trouvent un grand nombre de portraits de personnages célèbres, — de femmes particulièrement, — du temps de Louis XIII, Louis XIV et Louis XV, les héros et les héroïnes, pour la plupart, des études littéraires de M. Arsène Houssaye.

De l'une des larges et hautes fenêtres de l'ambulance on voit à merveille l'Arc de Triomphe ; l'autre donne sur ces fameux terrains de Beaujon que la pelle et la pioche inexorables de M. Haussmann ont jadis tant remués ! A présent, l'œil attristé ne rencontre guère que des hôtels meublés, des villas d'occasion, de ce côté où autrefois, loin du bruit, s'élevaient les logis, abrités à souhait, de Châteaubriand, de l'élégant comte d'Orsay, du peintre Jean Gigoux, d'Augustine Brohan, la soubrette si malicieuse... Seule aujourd'hui, de ce groupe d'habitations où s'est dépensé tant d'esprit de bon aloi, la maison du grand Balzac est restée debout.

Mais écartons ces pensées : ce n'est pas l'heure des rêveries !

Nos regrets ne sont nullement partagés, du reste, par les hôtes actuels de l'auteur du *Roi Voltaire* et du *Quarante et unième fauteuil.*

Bien soignés et en bon air, les braves mobiles, quoique trouvant très-douce, avec raison, la franche hospitalité de M. Arsène Houssaye, ne songent qu'à se rétablir le plus vite possible pour retourner au combat.

Lundi, 19 décembre.

CHEMIN DE FER DE L'OUEST,

Rue d'Amsterdam.

Notre visite a été longue, et, vivement intéressé par ce qui s'offrait à nos yeux, nous avons recueilli des indications précises, d'où il résulte que cette vaste ambulance, fondée en septembre dernier aux frais de la Compagnie, a été déjà exceptionnellement utile.

Quelques chiffres : quatre-vingt-cinq lits, installés dans d'excellentes conditions ; un service chirurgical et médical régulier : M. Labbé, chirurgien en chef, et sept autres docteurs expérimentés ; trois sœurs de saint Vincent de Paul, des « filles de la Charité », comme on les appelle, — et ce titre, si humble et si noble à la fois, leur revient de droit à coup sûr ! En outre, six infirmiers intelligents et dévoués, pris, à tour de rôle, parmi les employés de la Compagnie qui sont dans l'impossibilité absolue de contribuer autrement à la défense du pays.

Par ce qui précède on voit que les malades accueillis

dans l'ambulance dont il s'agit y reçoivent les meilleurs soins. Depuis l'investissement, près de cent cinquante de nos soldats — beaucoup plus de blessés que de fiévreux — ont été traités rue d'Amsterdam.

Nous avons eu la bonne fortune de rencontrer à l'ambulance, où, du reste, sa sollicitude pour les malades l'amène très-fréquemment, le secrétaire général de la Compagnie, M. Coindard, qui nous a fourni divers renseignements de la façon la plus obligeante. Nous devons remercier aussi M. Le Cordier, sous-chef du service commercial, lequel, ayant pour mission de s'occuper de la partie administrative de cette œuvre patriotique, a bien voulu se mettre à notre disposition.

Tous les lits sont au rez-de-chaussée. Pour les malades proprement dits, on a parfaitement tiré parti des salles d'attente de la ligne d'Auteuil; les blessés se trouvent réunis dans une pièce immense, bien chauffée, située au-dessous de celle destinée aux actionnaires.

Un jardin, donnant sur la rue de Rome, a procuré à plus d'un convalescent l'agrément de faire sans fatigue une promenade salutaire, en compagnie d'une pipe bourrée selon l'art et de camarades disposés à la causerie.

Mme Piérard, femme du directeur des chemins de fer de l'Ouest, passe ses journées entières à s'occuper des hôtes que la guerre implacable se charge de lui renouveler, hélas! si souvent depuis trois mois.

Elle console l'un avec de bonnes paroles; elle apporte à l'autre un cordial, une friandise, cherchant sans cesse à réconforter l'âme et le corps des pauvres malades. Les sœurs de saint Vincent, dans cette double tâche, la secondent à merveille.

Il n'est certes pas surprenant que, — de loin en loin, — après tant de fatigues, de privations cruelles, et provoqué par la douleur, un accès d'impatience, de colère, se manifeste ; mais bientôt, touchés de ces soins délicats, les esprits les plus aigris, les natures les plus violentes, s'adoucissent comme par miracle, et la santé, elle aussi, en ressent vite l'influence bienfaisante.

Chaque dimanche, M. l'abbé Gilbert, ancien vicaire de Saint-Louis-d'Antin, vient dire la messe à l'ambulance. M. Debain a envoyé un harmonium ; au milieu d'une salle, ornée de trophées et de drapeaux, l'autel est dressé. Les sœurs et les soldats convalescents chantent en chœur pendant l'office ; une gracieuse jeune fille, parente de M. Le Cordier et excellente musicienne, se fait entendre à plusieurs reprises ; une allocution familière et pleine de chaleur d'âme est prononcée par l'aumônier, qui, en parlant avec enthousiasme de la patrie, du dévouement, de l'héroïsme, trouve aisément le moyen de passionner son auditoire.

En France, grâce au Ciel ! ces mots-là feront toujours battre les cœurs.

Jamais on ne s'y lassera d'aimer les idées généreuses.

AMBULANCE DES AMIS DE LA FRANCE,

Rue de la Michodière.

Un titre sympathique, — une vaillante légion !

Trente lits, — tout un hôtel meublé, pour mieux dire, — mis avec empressement à la disposition de la légion étrangère des Amis de la France, par la propriétaire, femme d'un colonel péruvien, Mme Crespo de Roman, qui, voyant notre noble et beau pays aux prises avec un ennemi acharné, n'a point voulu, quoique malade, quitter Paris.

Depuis trois mois les chambres sont prêtes Par exemple, on n'a pas encore installé un seul blessé dans l'hôtel. — Et pourtant, hélas !...

A quoi cela tient-il ?

Tout simplement à ceci :

Chaque fois que, victime de son intrépidité, un « ami de la France » a été frappé sur le champ de bataille, les Parisiens reconnaissants se sont disputé l'honneur de lui prodiguer des soins ; — et, par suite, malgré ses efforts, Mme de Roman n'a pu parvenir jusqu'à présent à obtenir un pensionnaire.

Mardi, 20 décembre.

M. GÜNZBURG,

Rue de Tilsitt.

« L'hôtel que vous admirez, — nous disait sœur Gabrielle tout en nous conduisant obligeamment dans les diverses parties de l'ambulance, — est habité depuis trois mois par nos vaillants soldats, fiévreux ou blessés. Trente lits ayant été disposés pour eux dès le 2 octobre, M. Paul Fould, chargé par son beau-père, M. Günzburg, de diriger la maison, subvient à tous les frais et n'épargne ni le temps ni l'argent. Nos chers malades sont soignés comme des princes.

« Et n'est-ce pas une grande consolation » (ajoutait la bonne sœur en souriant doucement sous sa cornette aussi blanche que la neige) de penser qu'il ne nous manque rien pour adoucir, autant que possible, les souffrances de ces braves enfants?

« Quand nous demandons quelque chose, la réponse

invariable est celle-ci : « Très-bien, c'est convenu. D'ail-« leurs, nous n'en ferons jamais assez! »

— A propos de l'alimentation, vous devez, malgré tout, éprouver quelquefois des embarras.

— Mais non, Dieu merci! Un restaurateur du voisinage, prévenu chaque matin du nombre de malades présents (et nos trente lits sont presque constamment occupés), apporte à heures fixes le déjeuner et le dîner. Et je vous assure, monsieur, que les convives, en général, font honneur à la cuisine.

— Dans ces conditions, en effet, rien de plus facile à croire

« Quel est le nom de votre chirurgien, ma sœur?

— Nous en avons deux : MM. Hénocque et Monot, et, comme médecin, M. le docteur Barthez.

— Et combien, s'il vous plaît, a-t-on reçu de malades depuis l'ouverture de l'ambulance?

— Plus de soixante-dix.

— Beaucoup de blessés?

— La plupart. Il nous en est arrivé douze d'une seule fois, le 30 novembre après minuit.

« Les pauvres enfants étaient tellement épuisés de fatigue que le sommeil a été chez eux plus fort que la douleur! A peine entrés, ils se sont endormis profondément, l'un sur le bord de son lit, d'autres sur leurs chaises, ou même debout, adossés au mur, et nous avons eu toutes les peines du monde à les déshabiller et à leur faire boire une tasse de bouillon bien chaud.

« Lorsqu'on les secouait un peu :

« Hein? Qu'est-ce que c'est ? Qu'y a-t-il? Les Prussiens! « les Prussiens ! » s'écriaient ces malheureux s'éveillant en sursaut et cherchant du regard leurs fusils.

« Et il fallait les calmer :

« Non, mes pauvres amis, ici il ne s'agit plus de com- « battre : vous avez fait courageusement votre devoir ; main- « tenant, laissez-vous dorloter. »

* * *

« Figurez-vous, monsieur, continua sœur Gabrielle, qu'un jour, le directeur de l'ambulance, qui est israélite, désira beaucoup assister, sans être vu, à la prière que nos malades font en commun matin et soir. Il écouta donc, dans la pièce voisine, et quand nous revînmes auprès de lui, mes sœurs et moi, après le dernier signe de croix, nous le trouvâmes les yeux mouillés de larmes : « Cette prière, « faite avec tant de simplicité et de piété sincère par ces « braves soldats, m'a remué, nous dit-il, plus que je ne « saurais l'exprimer. »

« L'une de ses premières recommandations, au commencement d'octobre, a été celle-ci :

« N'oubliez jamais, ma sœur, lorsque nos hôtes s'en « iront, de remettre à chacun d'eux une petite somme, qui, « leur servant « d'argent de poche », les aidera à garder « bon souvenir de la maison où nous sommes si heureux « de les accueillir et de les soigner ! »

⁂

Un mobile lettré de Quimperlé, nous voyant regarder un groupe colossal en marbre blanc, représentant le *Déluge*, et placé dans le vestibule, nous dit avec un malin sourire :

« Ah ! monsieur, ce n'est pas ici comme chez nous. A Paris, les riches ont l'esprit de jouir de leur fortune ; en Bretagne, ils entassent, ils entassent, jusqu'au jour où la mort les force à abandonner tout sans qu'ils aient jamais profité de rien ! »

⁂

Nous avions visité toutes les chambres, la salle à manger, la lingerie et la pharmacie, et avant de prendre congé :

« Merci, mille fois, ma bonne sœur, de l'aimable complaisance avec laquelle vous avez bien voulu nous renseigner. Voilà notre petite *inspection* finie, et vraiment il n'y a que des compliments à vous adresser.

— Pardon, mais vous êtes donc...

— Journaliste, ma sœur.

— Ah ! mon Dieu, surtout ne parlez pas de nous !

— Soyez tranquille. Adieu, et merci encore. »

Samedi, 24 décembre

THEATRE DE L'ODÉON.

Vous vous souvenez, sans nul doute, de l'adolescent Zanetto[1], ce *passant* insoucieux et charmant, enivré d'espérance, riche d'illusions souriantes, de poétiques aspirations.... Eh bien, nous l'avons revu, ce doux chanteur d'avril !

En ces jours de deuil et de neige, il accomplit, avec une activité incessante, une mission d'actualité des plus sympathiques. Et ce n'est pas d'hier que date sa généreuse entreprise !

Depuis trois mois déjà, Mlle Sarah Bernhardt donne tout son temps aux blessés, confortablement installés à l'Odéon par ses soins.

Le 30 septembre, la gracieuse artiste eut l'heureuse idée d'organiser une ambulance dans le foyer du théâtre. Aussitôt elle se mit à l'œuvre, bien résolue à supporter tous les frais. Vingt-deux lits furent dressés, les fenêtres eurent

1. Le *Passant*, un acte en vers, de François Coppée, joué avec un immense succès à l'Odéon. Rôle créé par Mlle Sarah Bernhardt.

d'amples rideaux blancs, on posa des portières, du linge fut empilé avec symétrie dans les placards, les bocaux et les fioles garnirent la pharmacie, des pyramides de bois et de charbon s'élevèrent dans la cave ; bref, tout ayant été prévu et exécuté sans retard, après quarante-huit heures de travail, on n'eut plus qu'à attendre les malades.

Et l'on n'attendit pas longtemps !

Déjà quarante-trois blessés ont été les hôtes de Zanetto. Un seul a succombé.

Fidèle à sa première pensée, Mlle Bernhardt a pris à son compte les dépenses. Cependant, n'oublions pas de dire que ses camarades ont, avec empressement, apporté leur offrande.

MM. Duchaussois et Duchesne, chirurgiens de talent, se sont, dès le début, mis à la disposition de l'ambulance. Un interne du Val-de-Grâce vient aussi tous les jours.

Deux artistes de l'Odéon, Mme Lambquin et Mlle Lemaire, ainsi qu'une de leurs amies, Mme Guérard, s'étant spontanément consacrées à l'œuvre patriotique dont nous parlons, donnent aux malades des soins assidus. Jour et nuit, Mlle Sarah Bernhardt et ses « aides de camp » sont sur pied. Parmi les pensionnaires de ces dames se trouvent deux officiers qui ont été récemment décorés pour leur belle conduite dans les combats sous Paris : le capitaine Menesson et le lieutenant Daubret. Nous avons vu au foyer de l'Odéon un acteur de ce théâtre, M. Porel, atteint, sur le plateau d'Avron, par un éclat d'obus. Sa blessure est, Dieu merci, légère.

Un soldat saxon, soigné à l'ambulance depuis la fin de

novembre, désire ardemment la paix, et déclare volontiers qu'il aime beaucoup la France. Son état était fort grave, mais il va entrer en convalescence, et nous comprenons sans peine qu'il soit profondément touché du dévouement et de l'abnégation de ses infirmières.

« Ces journées si remplies, ces veilles fréquentes, doivent vous causer parfois une lassitude excessive? disions-nous à la jeune directrice.

— Nous faisons tout cela, répondit-elle d'un ton de bonne humeur, avec autant de plaisir que si c'était réellement amusant. »

Ajoutons que Mlle Sarah Bernhardt s'occupe non-seulement de l'infirmerie, mais encore de l'administration. L'ambulance étant militaire, et devant chaque matin fournir des états variés au Val-de-Grâce (l'hôpital répartiteur), Zanetto inscrit soigneusement les entrées et les sorties des blessés, et tient tous ses comptes avec une remarquable exactitude.

Guidé par le *Passant*, nous avons visité les diverses salles, ainsi que la pharmacie, la lingerie et la cuisine, d'où s'échappait une odeur des plus appétissantes. Surtout après cent jours de siége, ce détail a son importance.

Comme nous arrivions, Mme Lambquin préparait une boule d'eau chaude pour *notre ennemi*.

« Ah ! monsieur, nous dit l'excellente femme, en montrant les fioles étiquetées et rangées sur des tablettes, quelle tristesse ! Voilà pourtant l'éternel décor à présent... Moi qui ne connaissais que la *Fiole de Cagliostro !*

— Courage et patience, chère madame, répondîmes-nous

à la célèbre artiste, il y aura encore de belles soirées, où vous entendrez de nouveau le bruit des applaudissements chaleureux et mérités. En attendant, votre cœur vous a dicté un rôle admirable, dont vous vous acquittez à merveille ! »

Et, en effet, c'est une chose bien touchante que le spectacle de cette activité, de cette simplicité vraie.

*
* *

Un mobile du Loiret, nommé Fortin, ayant subi à l'Odéon, il y a quelques semaines, une terrible opération, est aujourd'hui presque en état de se lever. Ce jeune homme, marié depuis six mois environ, possède à Corbeil une petite propriété.

Pour pratiquer l'opération, on l'avait endormi. Lorsqu'il se réveilla, tout étant terminé au gré du chirurgien, le blessé se tourna vers Mlle Bernhardt, restée anxieuse au chevet du pauvre garçon, et lui dit d'une voix émue :

« C'est égal, allez, mam'zelle Sarah, les Prussiens qui, en ce moment peut-être, brûlent ma chère maison, ne mangeront pas tous les poissons de la Seine, et je vous jure mon bon Dieu que ma première matelotte sera pour vous ! »

Ne le pensez-vous pas comme nous ? il est probable que l'appétit ne fera point défaut à Zanetto ce jour-là.

Lundi, 2 janvier 1871.

PALAIS DU LUXEMBOURG.

Le palais du Sénat est devenu le palais de la Charité ! Toutes les salles et anciens bureaux de commissions, le musée, ainsi que les appartements de réception et le cabinet même de l'ex-président, sont garnis de longues rangées de lits en fer qui ne restent, hélas ! jamais vides.

Le 12 septembre, l'installation étant à peine terminée, on recevait les premiers malades. L'ambulance se composait alors de deux cents lits seulement ; un mois après, on en avait ajouté cent trente-six ; le 15 janvier, il y en aura quatre cents au moins. Dans les appartements privés de l'ex-président du Sénat, dix lits pour officiers ont été préparés.

Dès le début, le nombre des fiévreux soignés au Luxembourg a de beaucoup dépassé celui des blessés. Treize cent quatre-vingts malades y ont déjà été traités. Trois cent trente se trouvaient dans l'établissement lorsque nous l'avons visité la semaine dernière. Sur cinquante décès, depuis l'ouverture de l'ambulance, un seul a eu lieu par suite de blessures [1].

Les frais sont considérables. Le matériel peut être évalué à 140,000 fr. (meubles, ustensiles, literie, lingerie, etc.). Ce chiffre permet de juger du reste (alimentation, médicaments, éclairage, chauffage, etc.). Les secours reçus proviennent de trois sources : 1° du produit d'une souscription faite par les ex-sénateurs : 28,000 fr. ; 2° des nombreux dons d'une centaine de dames du faubourg Saint-Germain ; 3° de la coopération de l'Intendance, attendu que l'ambulance importante dont nous nous occupons, — succursale du Val-de-Grâce, — est essentiellement militaire.

Le service chirurgical est ainsi composé :

MM. Boyer et Amussat, chirurgiens-majors, MM. Ferdut, Farges, Collette et Jaubert, aides-majors.

Voici la composition du service médical :

M. Danet, médecin en chef, et MM. les docteurs Brochin, Deranse et Langlebert, lesquels ont pour aides MM. Debout, Hattier, Montier et Brochin fils.

Il y a constamment un médecin de garde, — selon l'usage adopté dans les hôpitaux militaires.

Notons en passant que, les jours de bataille, les aides-majors du Luxembourg font partie du personnel des ambulances volantes.

Un aumônier, M. l'abbé Riche, dit la messe le dimanche dans la chapelle du palais, et est toujours prêt à consoler, à réconforter les malades.

1. Cela était exact lors de notre visite, le 2 janvier ; mais, hélas ! depuis, combien de pauvres blessés ont succombé !...

Douze sœurs de Notre-Dame-de-Bon-Secours, de Troyes, soignent nos braves soldats avec un zèle et une intelligence dignes d'éloges tout particuliers. Elles sont secondées par vingt-cinq infirmiers militaires.

L'officier d'administration, M. Hénault, officier comptable en retraite, a été vivement heureux d'offrir le concours de son expérience.

L'examen minutieux de l'ambulance constitue un véritable voyage ! Nous avons remarqué que, presque partout, on a eu la précaution de placer à hauteur d'homme des planches de sapin ou des toiles vertes, afin de protéger le plus possible les panneaux sculptés, peints et dorés des salons d'apparat, du musée, etc. La salle du Trône contient soixante lits. Il y en a autant dans la grande galerie du musée, dont les tableaux ont été retirés de leurs cadres. L'aération est très-satisfaisante.

Les malades ont à leur disposition le jardin d'hiver, ainsi que les autres jardins. On leur a abandonné également les fauteuils en velours rouge occupés naguère par les sénateurs

Sous l'active direction de Mme la générale de Montfort, femme de l'ancien gouverneur du palais, plusieurs dames tiennent en ordre la lingerie, aidant au besoin les sœurs, et fournissent à chaque malade, au moment de sa sortie, des vêtements de laine, confectionnés par elles-mêmes.

Notre guide obligeant, M. Hénault, tandis que nous traversions (aux flambeaux, il était quatre heures et demie) les nombreuses salles du service de la chirurgie, renfermant en tout cent quarante lits, nous faisait remarquer dans quelles bonnes conditions hygiéniques ce service a été établi. Il se compose, en effet, d'une série de pièces contenant chacune quatre, six ou huit lits, — ce qui présente de réels avantages pour le traitement des blessés.

Aussi leur guérison est-elle, en général, fort rapide.

Le seul qui ait succombé, victime de son courage, était un jeune artilleur. Atteint à l'épaule, pendant le combat si meurtrier de Champigny, par un éclat d'obus qui nécessita une opération des plus graves, il conserva jusqu'au dernier moment ses facultés intellectuelles, et fut admirable d'énergie et de résignation. A l'un de ses camarades, il recommanda d'embrasser sa mère, de lui dire avec quelle bonté touchante il avait été soigné. A un autre de ses voisins d'ambulance, il légua son tabac : toute sa fortune !

Ayant ainsi réglé ses affaires en ce monde, le pauvre garçon fit aisément sa paix avec Dieu, et s'éteignit en murmurant cet appel suprême, ce mot — presque divin — qui résume tant de pures joies, tant d'ineffables tendresses, ce cri naïf de l'âme reconnaissante qui, se souvenant des plus douces heures, évoque une chère image : « *Maman !* »

Jeudi, 5 janvier.

ÉGLISE DE LA TRINITÉ,

Chaussée d'Antin.

Certes l'idée est belle, et nous ne saurions trop louer les âmes vraiment chrétiennes qui l'ont mise à exécution ! L'aspect de cette ambulance impressionne profondément. On peut dire que l'ensemble en est à la fois imposant et touchant; — mais, au point de vue pratique, il y a lieu, selon nous, de faire quelques réserves.

L'air ne se renouvelle pas très-facilement, la lumière manque un peu, le chauffage au degré convenable devient sans doute chaque jour plus difficile, et, en outre, il doit arriver que, parmi les malades alignés dans cette vaste nef, plus d'un se trouve disposé à la mélancolie par la majesté de l'édifice.

Quoi qu'il en soit, l'ambulance existe depuis vingt jours environ, et soixante-seize lits y sont déjà préparés.

Le clergé, des dames pieuses de la paroisse, des sœurs, des membres du conseil de fabrique, s'étant bien vite entendus au sujet des dispositions à prendre, ne négligent rien pour affirmer en même temps, et d'une façon éloquente, leur patriotisme et leur charité.

Les premiers blessés convalescents envoyés à la Trinité y reçoivent des soins depuis le 20 décembre. L'ambulance est considérée comme militaire, et, conséquemment, aidée par l'Intendance.

Il y a eu, d'abord, quelques difficultés à surmonter; mais aujourd'hui, après des tâtonnements inévitables, les diverses parties du service marchent à souhait. Il ne pouvait d'ailleurs en être autrement, chacun poursuivant le même but !

Vendredi, 6 janvier

M. RICHARD WALLACE,

Boulevard des Italiens.

La chaleur d'âme et la générosité inépuisable de M. Richard Wallace sont parfaitement connues des Parisiens. Pendant ce cruel siége surtout, — consacrant, avec une noble spontanéité, des centaines de mille francs au soulagement des misères de la population, — chaque jour il a prouvé l'excellence de son cœur : aussi le nombre est bien grand de ceux qui lui doivent de la reconnaissance!

La remarquable ambulance du boulevard des Italiens, établie dans une vaste salle de rez-de-chaussée, utilisée autrefois pour des expositions de tableaux, est à tous égards digne de son riche fondateur. En le déclarant, nous somme certain de n'étonner personne.

Elle date de la mi-septembre, et l'on n'y a traité jusqu'à présent que des blessés, dont la plupart étaient gravement atteints.

Une annexe, située rue Laffitte, contient huit lits pour officiers [1].

1. M. R. Wallace a, de plus, transformé en ambulance son hôtel de la rue d'Aguesseau.

Dans l'établissement principal, où se trouvent trente-cinq lits, calorifères, ventilateurs, rien ne fait défaut. Une salle d'opérations a été largement pourvue de tout le matériel nécessaire.

M. le docteur Péan est le chirurgien de l'ambulance; M. le docteur Portalier y remplit les fonctions de médecin en chef, et M. Ferrand celles de pharmacien. Deux sœurs de Saint-Denis et deux dames s'occupant de la lingerie se sont également associées à cette œuvre.

En résumé : installation des plus confortables, alimentation choisie, soins délicats et constants, voilà ce que désirait M. Richard Wallace pour ses hôtes; sa grande fortune et son infatigable dévouement lui ont permis de réaliser à merveille cette bonne pensée !

Dimanche, 8 janvier.

COUVENT DE L'ASSOMPTION,

A Auteuil.

Au milieu d'une rue solitaire, une porte blanche et discrète, surmontée d'une croix de pierre; de hauts murs enserrant un parc immense, où l'on voit encore la vieille tour d'un château, — le parc de la Tuilerie, sous les frais ombrages duquel, dès avril, se donnent rendez-vous tous les oiseaux chanteurs du pays. Hélas! en ces jours d'épreuves, ce sont les obus prussiens qui sifflent — et de quelle façon lugubre! — aux alentours de cette retraite hospitalière. Mais patience et courage! l'horizon s'éclaircit, et voici venir le renouveau. Bientôt enfin sonnera l'heure de la délivrance de la patrie, précédant même, il faut l'espérer, le réveil de la nature.

*
* *

En réponse à notre coup de sonnette, la porte s'ouvre à demi. Les yeux baissés, la sœur tourière se présente sur le seuil. Après nous avoir entendu exprimer le désir de visiter l'ambulance, elle nous introduit dans un petit parloir, voisin de la chapelle, et où règne une vague odeur d'encens.

Quelques minutes s'écoulent, silencieuses ; puis, calme et digne, la tête couverte d'un long voile blanc, une religieuse, vêtue d'une robe de laine violette, serrée par une cordelière de la même nuance et ornée d'une croix d'étoffe blanche sur la poitrine, se met avec une parfaite obligeance à notre disposition. — Le couvent de l'Assomption est, en temps ordinaire, une maison d'éducation justement estimée. Aujourd'hui, les dortoirs sont occupés par des fiévreux et des blessés.

L'ambulance, qui existe depuis quatre mois, se compose de cent lits. Des chambres ont été réservées pour les officiers. Les dépenses sont supportées par la communauté.

Lors de notre visite, une soixantaine de soldats, la plupart presque rétablis, se trouvaient dans le couvent. Le docteur Mallaîné, — un médecin d'Auteuil, — soigne avec beaucoup de zèle les pensionnaires des sœurs de l'Assomption.

L'aumônier, pour distraire les malades et utiliser le mieux possible leurs loisirs forcés, fait plusieurs fois par semaine des cours familiers aux militaires convalescents. Ces séances sont fort goûtées. Tantôt il s'agit d'histoire, tantôt de religion.

« Nous ne devons pas penser seulement au corps et à l'âme, nous dit à ce propos la sœur qui nous servait de guide, il faut songer à l'intelligence. Aussi nous parlons souvent à nos chers malades de l'histoire de cette France généreuse qu'ils défendent avec tant d'héroïsme. »

Mercredi, 11 janvier.

THÉATRE DES VARIÉTÉS.

Vingt lits, dans le foyer du théâtre, dont les fenêtres, donnant sur le boulevard Montmartre, laissent pénétrer très-largement la lumière.

On n'a traité que des blessés (plus de cinquante déjà) dans cette ambulance, qui existe depuis le 14 septembre.

Le sympathique directeur des Variétés, M. E. Bertrand, s'est cordialement dévoué à cette œuvre patriotique. Non-seulement il a fait arranger le foyer pour les malades, mais encore il a tenu à fournir l'éclairage et un personnel de garde nuit et jour.

Mmes Scriwaneck, Berthe Legrand, Carlin, Maillard, Sciot et Fleury, et M. Brunnet (le successeur de Cleverman), secondent de leur mieux — et à l'envi — M. Bertrand.

L'administrateur, M. Chavannes, caissier du théâtre, s'acquitte de sa tâche quotidienne avec beaucoup d'activité.

M. le docteur Bonnière, chargé à la fois du service chirurgical et médical, s'occupe constamment de l'ambulance, sans rémunération, et obtient d'admirables résultats. Dans certaines circonstances, d'une gravité exceptionnelle, MM. Maisonneuve et Nonat ont été appelés.

Les dépenses pour l'alimentation, le chauffage et les médicaments sont soldées par l'administration générale des ambulances de la garde nationale sédentaire, — qui possède dix-sept grands établissements dans Paris.

Le matériel, — lits, draps, couvertures, ustensiles, linge, etc., — provient de nombreux dons faits spontanément.

Le service de l'infirmerie est gratuit. Il se compose de douze personnes, passant leur journées près des malades et les veillant à tour de rôle.

Il est facile de le voir, chacun, dans cette ambulance bien organisée, rivalise de dévouement sincère et persévérant.

Samedi, 14 janvier.

CHEMIN DE FER DU MIDI,

Boulevard Victor-Hugo.

L'ambulance, — de vingt lits, — est installée dans l'ancienne salle des archives du chemin de fer de Lyon, pièce très-vaste et convenable à tous les points de vue.

M. d'Eichtal, l'administrateur, qui dirige en outre une ambulance à son compte personnel, rue Neuve-des-Mathurins, n'épargne rien pour favoriser le prompt rétablissement des malades, soignés entièrement aux frais de la Compagnie du chemin de fer du Midi, dans l'ambulance que nous venons de visiter. Déjà quarante soldats y ont été accueillis. En ce moment il y en a seize, la plupart convalescents.

Médecin : M. Blondeau;

Chirurgien : M. Richet.

Deux sœurs de Saint-Vincent, aidées par des employés de la Compagnie, prodiguent aux malades, — presque tous fiévreux, — des soins empressés et délicats.

Un jeune Breton, ne comprenant pas le français, et traité

boulevard Victor-Hugo depuis la fin de novembre, s'y trouve tellement à son gré qu'il préfère s'abstenir de parler plutôt que d'être transporté dans une ambulance spéciale. Il ne sait guère qu'une phrase et la répète volontiers, avec conviction : « Je suis très-bien ici ! »

Lundi, 16 janvier

M. LE CURÉ DE SAINT-PHILIPPE-DU-ROULE,

Rue de Monceau, 11.

Le premier et le deuxième étage de la maison, — une dizaine de pièces, — ont été transformés en ambulance. Trente lits y sont disposés. Depuis le 10 septembre, époque de l'ouverture, les fiévreux dominent. Le nombre des malades soignés dans l'établissement fondé par M. le curé de Saint-Philippe, dont la charité est infatigable, s'élève déjà à plus de cent.

M. le docteur Raymond est le médecin de cette ambulance, fort bien tenue. Deux sœurs de saint Vincent de Paul le secondent avec un ingénieux dévouement.

PENSIONNAT DES SŒURS DE SAINT-JOSEPH,

Rue de Monceau, 17.

Au rez-de-chaussée, seize lits, dans le dortoir des élèves. L'ambulance est aux frais de la communauté, que M. le curé de Saint-Philippe-du-Roule aide de son mieux. Les premiers malades sont arrivés à la fin de septembre. Sur trente qui ont reçu les soins des dignes sœurs, un seul a succombé. M. Gauret, chirurgien de Beaujon, et M. Bouley, médecin du pensionnat, viennent tous les jours voir les malades.

Les sœurs de Saint-Joseph, qui, avec un généreux empressement, ont ajouté à leurs fonctions d'institutrices celles d'infirmières, plus absorbantes encore, se louent beaucoup des sentiments excellents, du respect et de la reconnaissance de leurs hôtes. Du reste, tout le monde dans la maison s'intéresse vivement à nos soldats. Chacune des jeunes pensionnaires se plaît à leur réserver son dessert quotidien, — hélas ! bien exigu.

On nous en a montré une petite, toute mignonne, qui aura quatre ans aux prochains lilas, et dont la plus grande joie est d'apporter son morceau de pain d'épice ou sa tablette de chocolat aux pauvres malades de l'ambulance. Après le déjeuner (vite expédié), elle accourt, offrant, tantôt à l'un, tantôt à l'autre, avec un gentil sourire, ce dessert microscopique, — toujours reçu à merveille, cela se devine aisément.

De son côté, la supérieure, âgée et d'une santé délicate, ne laisse pas échapper une seule occasion de gâter nos héros. Le docteur lui ayant prescrit du lait, les sœurs l'obligent à en prendre, quoi qu'il soit très-rare et par conséquent d'un prix excessif, et la bonne mère, bien souvent, glissant dans l'une de ses vastes manches noires le petit pot qui contient, bouillante et sucrée, sa « ration » du matin, va le porter avec précaution à l'un de ses grands enfants.

Les sœurs alors la grondant doucement, elle répond, tout heureuse : « Que voulez-vous ? le brave garçon a bu ce lait chaud avec tant de plaisir !... Il en avait plus besoin que moi. »

Mardi, 17 janvier

Mme LA BARONNE J. DE ROTHSCHILD,

Rue Laffitte, 19.

Dans quatre beaux salons du rez-de-chaussée de l'hôtel, vingt lits ont été placés le 1er octobre et occupés aussitôt. En ce moment même il y a seize malades dans l'ambulance. Trente-huit blessés y ont déjà été soignés.

Le chirurgien, M. Worms (chirurgien en chef de l'hôpital Rothschild, rue Picpus), mérite sa grande réputation ; il a fait des miracles rue Laffitte, ces temps derniers encore. Les deux médecins, MM. Davenne et Tripier, prodiguent aussi leurs soins aux malades. On n'en a pas perdu un seul, et pourtant plusieurs cas très-graves se sont produits.

Il est inutile d'ajouter que rien ne manque aux hôtes de Mme de Rothschild ! En ces tristes jours de privation, ils ont le superflu. Leurs distractions sont également très-variées. Fumoir, bibliothèque, galeries entourant un jardin élégant, tout concourt à les récréer et à hâter leur rétablissement complet.

Et, de plus, ils ne partent jamais les mains vides. La maîtresse du logis fait remettre à chacun de ces braves militaires de l'argent, du linge et des vêtements de laine, si utiles par ce froid excessif.

Une personne intelligente et dévouée dirige l'infirmerie, et d'une manière fort remarquable.

Cinquante ans peut-être, petite et grosse, le teint coloré, l'œil vif, la physionomie souriante : telle est au physique Mme Davreux, dont l'idée fixe, dès le début de cette horrible guerre, était d'aller soigner les blessés sur les champs de bataille. L'excellente femme commence à se consoler de n'avoir pas quitté Paris, en songeant que déjà elle a contribué à remettre sur pied bon nombre de nos soldats.

Faisant à merveille les pansements, les tisanes, surveillant tout, grondant l'un, riant avec l'autre, passant les nuits entières au besoin, ne se fatiguant jamais, conservant toujours sa bonne humeur, Mme Davreux est pour nous le vrai type de l'infirmière, ce qu'on peut appeler « une perle » !

Elle nous a raconté que le jour de Noël, la messe ayant été dite dans l'un des salons de l'hôtel, tous les malades ont communié. Peu de temps auparavant, ils avaient reçu la visite pastorale de Mgr Darboy. — Mme la baronne de Rothschild, qui s'occupe activement de ces pauvres blessés, a été très-touchée de les voir accomplir ainsi leurs devoirs religieux.

Comme nous exprimions l'avis que les malades confiés à Mme Davreux devaient être contents de ses soins incessants, la digne femme nous répondit :

« Ma foi, monsieur, voilà mon système en deux mots : tant qu'ils sont alités, il faut être très-patient et très-bon pour eux; dès qu'ils commencent à marcher, on doit devenir sévère. Et je n'y manque pas ! »

Eh bien, nous le déclarons avec franchise, nous ne croyons guère à la *sévérité* de Mlle Davreux.

M. LE BARON GUSTAVE DE ROTHSCHILD,

Rue Laffitte, 23.

Douze lits, installés au rez-de-chaussée de l'hôtel. Six sont actuellement occupés.

A l'égard des soins et du confort, nous pouvons parfaitement résumer notre impression en disant qu'ici, comme dans l'ambulance dont nous parlions à l'instant, tout est vraiment digne du nom de Rothschild.

Vendredi, 20 janvier

GRAND ORIENT DE FRANCE.

Rue Cadet, 16.

Fraternité! Combien d'idées fécondes, nobles et généreuses se trouvent soudain éveillées par ce mot admirable! Il résume à lui seul toute la doctrine de la Franc-Maçonnerie, et, en établissant une ambulance dans leur vaste hôtel, les membres du Grand Orient de France ont prouvé que chez eux les actes sont d'accord avec les paroles.

Dès le 16 septembre, deux services bien distincts, blessés et fiévreux, s'organisaient rue Cadet. Les Francs-Maçons, s'étant empressés de prendre à leur charge les dépenses, ont tenu à ce que toutes les fonctions — gratuites, sans exception, — fussent remplies par des membres de l'association, — par des *frères*.

Chirurgiens, médecins, administrateurs, brancardiers, infirmiers, etc., tous sont donc Francs-Maçons.

Quarante lits pour les blessés,— dans la magnifique salle des réunions officielles. M. Bécourt, chirurgien, voulant rester constamment à proximité des braves soldats confiés à ses soins éclairés, a élu domicile dans l'hôtel.

Pour les malades, également quarante lits. M. de Saint-Jean est le médecin en chef, et en même temps le président de la commission de l'ambulance

Le secrétaire général du Grand Orient, M. Thévenot, et l'économe, M. Platel, se sont aussi consacrés à cette œuvre avec un dévouement qu'aucune difficulté ne peut lasser.

Le personnel se compose, en outre, de :

M. Thévenot fils, pharmacien en chef ;

De quatre internes et de quatre infirmiers.

Mme Bécourt dirige le service de l'alimentation.

Tous les travaux de lingerie sont exécutés par une vingtaine de dames, sous la direction de Mme de Saint-Jean.

Le blanchissage est fait gratuitement par M. Bouchetal.

Rue Richelieu, nos 83 et 110, dix lits sont préparés pour les convalescents.

Un étage de l'hôtel du Grand Orient est, en temps ordinaire, réservé aux Francs-Maçons voyageurs qui, par suite de leur trop modeste fortune, sont dans l'obligation de ne négliger aucune économie. Il y a même également à leur disposition un réfectoire, une bibliothèque et un fumoir. Aujourd'hui cet étage, composé de neuf chambres très convenablement meublées, est destiné aux officiers malades ou blessés.

Avant l'investissement, le comité avait déjà reçu, des loges de province et de l'étranger, des dons importants, qui ont servi à l'achat du matériel (quatre-vingts lits garnis, etc.), et d'une notable partie des provisions de bouche.

Soixante-dix malades sont actuellement soignés dans l'hôtel.

Sur deux cents militaires traités depuis le début, aux frais de l'association, on n'en a perdu que cinq.

MM. Nélaton, le baron Larrey et Michel Lévy ont visité l'ambulance avec un très-vif intérêt.

Il est sans doute inutile de déclarer ici que les malades et blessés de toute religion, de toute nation, sont accueillis rue Cadet de la même manière, c'est-à-dire avec la plus franche cordialité.

L'un des hôtes du Grand Orient de France, le capitaine Figeac, du 10e bataillon des mobiles de la Seine, vient d'être décoré. Pendant son séjour à l'ambulance, le nommé Foret, du 59e de ligne, a reçu la médaille militaire.

Une ambulance volante, composée de trois voitures, avec un personnel de quinze brancardiers, a recueilli des blessés sur les divers champs de bataille.

On doit à l'économe, M. Platel, ancien officier de pompiers, surnommé l'*Incombustible* (il a sauvé déjà plus de quarante personnes), l'installation dans l'hôtel d'un service complet contre l'incendie.

Tout a été soigneusement prévu, on le voit, et cette ambulance ne ment pas à la belle devise de ses organisateurs : *Fraternité !*

Lundi, 23 janvier

GRAND-HÔTEL,

Boulevard des Capucines.

Nous venons de passer trois heures dans le cabinet de M. le docteur Chenu, directeur général des hôpitaux et ambulances de la Société Internationale, et dans les nombreuses pièces de l'hôtel consacrées aux blessés.

Voici le résumé fidèle de nos observations personnelles et des renseignements que nous a très-obligeamment fournis le savant praticien :

Le 2 septembre, la Société s'organisait au Palais de l'Industrie. La mauvaise saison arrivant, il fallut, au bout de quelques semaines, chercher un local moins difficile à chauffer d'une manière égale et suffisante. L'hôpital principal fut alors transféré au Grand-Hôtel. — Depuis le 7 novembre, et moyennant un loyer de cinq cents francs par jour, la plus grande partie de cet immense établissement est à l'entière disposition de l'Internationale.

On paye en outre à l'hôtel, pour la nourriture, — sans les

extras et sans le vin, — 3 fr. 50 c. par malade et par jour. Il faut ajouter à ces frais ce que coûtent soixante-deux infirmières et cent dix-huit infirmiers, nourris au compte de la Société ou payés à raison de 3 fr.

En résumé, les dépenses pour les blessés et les malades s'élèvent, tout compris, à environ dix francs par journée et par homme.

Au moment de l'installation au Grand-Hôtel, l'ambulance contenait cinq cents lits. On en a retranché deux cents, — destinés aux fiévreux, et placés dans des baraques construites tout exprès derrière la manutention, près de Chaillot. On ne traite donc plus que des blessés boulevard des Capucines.

Aujourd'hui, il y en a deux cent quarante-six. — L'hôpital est, du reste, presque toujours plein.

Tout le personnel médico-chirurgical attaché aux ambulances du Grand-Hôtel, du Corps législatif et de l'ambassade d'Autriche donne ses soins gratuitement ; mais à celui que l'on envoie au dehors, soit aux ambulances de campagne, soit aux ambulances volantes, il est alloué des appointements.

Parmi les chirurgiens qui font le service dans les salles se trouvent MM. Nélaton, Boinet, Guyon, Lannelongue, Péan, Blot et Legendre. Parmi les médecins, MM. les docteurs Barthez, Moutard, Martin et Axenfeld.

Le directeur général, M. le docteur Chenu, chirurgien d'un talent réel et écrivain distingué (ses travaux sur les campagnes de Crimée et d'Italie sont fort appréciés), déploie une activité incroyable, et passe chaque jour de dix à douze heures à l'œuvre...

Des dames patronnesses se rendant quotidiennement auprès des malades et blessés, de 7 h. du matin à 6 h. du soir, leur prodiguent des consolations et des soins, et même les veillent dans certains cas.

Nous avons vu, au Grand-Hôtel, Mmes de Flavigny, de Lagrange, Vilbort, Cochin, de Pages, de la Ferronays, d'Haussonville, de Biron, de Galiffet et de Horter.

On a disposé dans l'ambulance deux chapelles : l'une catholique, l'autre réservée aux protestants.

La pharmacie et le magasin d'appareils de chirurgie, très-complet, sont parfaitement tenus.

Nous avons, plus d'une fois déjà, entendu dire que diverses ambulances de l'intérieur de Paris n'offraient pas toutes les conditions hygiéniques désirables. On ne peut le nier,— en dépit d'efforts réitérés et énergiques pour améliorer un état de choses si regrettable, — ce reproche est fondé maintenant encore.

Cependant, notamment au sujet des vastes établissements de l'Internationale, de la Presse, etc., un chirurgien expérimenté nous donnait hier l'explication suivante :

Après une sortie, des blessés en nombre considérable sont amenés aux hôpitaux ou aux ambulances fixes, par les ambulances volantes. Ils y sont reçus pour les premiers soins que leur état exige, mais on n'y conserve guère que les hommes atteints des blessures les plus graves, évacuant sur les ambulances moins importantes ceux pour lesquels l'intervention de la grande chirurgie n'est point nécessaire.

Parmi les blessés que l'on garde, beaucoup étant souvent dans une position désespérée, la mortalité se trouve conséquemment plus forte dans ces établissements, situés en général vers le centre de la ville, que partout ailleurs.

C'est sans doute pourquoi les amputations, malgré l'habileté incontestable des chirurgiens, réussissent rarement au Grand-Hôtel, bien que pour favoriser le renouvellement de l'air et le libre passage de la lumière, on ait prudemment enlevé tous les rideaux, les tentures et les tapis. De plus, les chambres sont exposées au levant.

SOCIÉTÉ INTERNATIONALE DE SECOURS AUX BLESSÉS,

Rue Laffitte.

Le siége de la Société internationale a été d'abord au Palais de l'Industrie, ensuite à l'Élysée (faubourg Saint-Honoré), et enfin rue Laffitte.

Voici la composition du conseil :

M. le comte de Flavigny, président; M. le comte Sérurier, vice-président; M. de Beaufort, secrétaire général.

Membres : MM. le docteur Chenu, Albert et Alexandre Ellissen, de Lesseps, Le Camus, Hottinguer, de Saint-Aignan, le baron Mundy, médecin de l'armée autrichienne ; Berthier, ancien président du tribunal de commerce ; de Béthisy et de Pages.

MM. Ellissen, spécialement chargés du service très-compliqué des chevaux et voitures, s'en acquittent à merveille.

La Société a reçu, de la France et de l'étranger, des dons en argent d'une valeur de plus de six millions et demi, et des dons en nature (vin, eau-de-vie, liqueurs, thé, café, comestibles, médicaments, lainages, draps, chemises, linge à pansement, charpie, etc.) représentant à peu près deux millions.

Elle a disposé, en faveur de la mairie centrale, — pour être distribués aux vingt mairies de Paris, — de 70,000 kilogr. de linge de toute espèce, de 200 pièces de vin, et de 20 pièces d'eau-de-vie.

En outre, elle a fourni à des ambulances nécessiteuses des lits, des médicaments, du vin, de la charpie, du linge, etc.

La lingerie est à présent rue de Courcelles.

Mlle Hocquigny et Mme Berthier, auxquelles incombent ce service si important, font preuve, depuis l'organisation, d'un esprit d'ordre, d'une activité et d'un dévouement qu'aucun obstacle ne peut diminuer. Leur tâche est cependant bien lourde et bien absorbante, car il faut satisfaire à d'incessantes demandes, en se rendant compte des droits de chacun.

La Société a fait partir, pour suivre nos armées, dix-huit grandes ambulances. Chacune possède : vingt-cinq chirurgiens, aides et internes; plusieurs délégués s'occupant de la comptabilité ; soixante infirmiers ; huit voitures chargées du matériel : brancards, tentes, etc., et au moins douze chevaux de selle.

Pour le service de la garde mobile, l'intendance militaire a demandé quatre ambulances, qui ont été livrées par l'Internationale du jour au lendemain. Ces ambulances fonctionnent depuis l'investissement de Paris.

Enfin, M. le docteur Chenu (agissant au nom de la Société) a organisé quatorze ambulances volantes, dont le siége est au Palais de l'Industrie, et que l'habile et vaillant chirurgien conduit lui-même sur le champ de bataille à chaque sortie, se multipliant, et envoyant dans toutes les directions le personnel et le matériel nécessaires.

Au Palais de l'Industrie, on tient constamment prêtes deux ambulances de réserve.

Lorsqu'un combat a lieu, plus de cent cinquante voitures sont en mouvement pour ramener des blessés, depuis le début de l'affaire jusque fort avant dans la nuit.

Les voitures de ravitaillement suivent le cortége, avec environ deux cent cinquante brancardiers.

Mardi, 24 janvier

AMBULANCE AMÉRICAINE,

Avenue Uhrich.

L'aspect général de cette ambulance, située à quelques minutes du bois de Boulogne, est vraiment pittoresque.

Aux alentours sont plantés de jeunes sapins en assez grand nombre, dans le but de purifier l'air.

Plusieurs parties de l'établissement (et surtout le parloir) font songer aux installations des paquebots. Les autres donnent assez l'idée d'un camp.

Les blessés sont soignés sous de vastes tentes en toile de coton double, imperméable et fortement tendue. La température y est maintenue favorable (quoique parfois un peu inégale), grâce à d'immenses fourneaux auxquels aboutissent plusieurs tuyaux souterrains formant réseau, et que l'on peut ouvrir ou fermer selon les besoins.

La chirurgie, l'administration, la lingerie, la cuisine, méritent d'être signalées avec éloge. Le docteur Evans, qui a beaucoup contribué à l'organisation de cette ambulance originale et réellement utile, a droit, ainsi que M. Swiburne, médecin en chef, et MM. Émile et William Brewer, à des remerciements sincères : leur zèle inventif ne s'est démenti en aucun moment du siége, et les Français ne pourront jamais songer sans émotion et sans une vive reconnaissance à cette persévérante et fraternelle générosité !

Des dames américaines veillent à ce que rien ne manque aux malades ; elles leur font prendre les potions prescrites, et causent ou travaillent auprès d'eux, afin de les distraire. Le quinquina et l'opium sont presque les seuls médicaments usités.

Le système américain n'admet l'amputation que dans des cas extrêmes. La diète est très-rarement ordonnée ; on a même l'habitude d'employer les aliments les plus toniques pour la nourriture des malades et des blessés.

Du reste, avenue Uhrich, cette méthode paraît réussir à merveille.

HOPITAL HAHNEMANN,

Rue Laugier, aux Ternes.

Le 10 avril 1870 avait lieu aux Ternes l'inauguration de l'hôpital Hahnemann, dirigé par des médecins homœopathes, ainsi que l'indique suffisamment du reste son nom, qui est, comme on sait, celui du célèbre fondateur de l'homœopathie.

Pendant le siége, dans cet établissement confortable, vingt lits ont toujours été à la disposition de nos soldats. Soixante-deux militaires y ont reçu des soins assidus. Trois décès : deux par suite de fièvre typhoïde compliquée de pneumonie, et un cas de variole.

Douze blessés, traités à l'hôpital Hahnemann, sous la direction de MM. les docteurs Léon Simon et Desterne (dont un amputé de la jambe après huit heures d'hémorragie), ont été guéris.

Cette ambulance principale possède deux annexes, chacune de six lits, plus deux maisons pour des convalescents.

Les médecins de l'hôpital se sont rendus sur les champs de bataille à toutes les sorties.

Jeudi, 26 janvier.

AMBULANCE DU VIe SECTEUR,

à Passy.

Organisée près du rempart, dans le bel hôtel de Mme la duchesse de Riario Sforza, sœur de Berryer (tout à côté du chalet habité naguère par Lamartine, et où le grand poëte a rendu le dernier soupir), cette ambulance, depuis le 16 septembre, a sans cesse été remplie de blessés et de fiévreux. Le nombre total des journées de malades s'élève déjà à cinq mille environ.

Sur deux cent cinquante militaires traités, seize ont succombé.

Dans l'ancien atelier du peintre Yvon, dépendant de l'hôtel et converti en chapelle, un aumônier, M. l'abbé Perrot, dit la messe tous les dimanches par autorisation spéciale de Mgr l'archevêque de Paris, — qui a visité l'établissement avec beaucoup d'intérêt. Une sœur de Saint-

Vincent accompagne sur l'harmonium les chants religieux des soldats convalescents.

M. l'abbé Hertzog, jeune vicaire de la paroisse, apporte, lui aussi, à l'ambulance, son concours presque quotidien.

Le service médical et chirurgical est ainsi composé : M. le docteur Ed. Fournié, médecin en chef, secondé par M. le docteur Antoine Cros, et MM. Lorraine, Pintaud et Voisin.

Bien entendu, étant à la fois l'un des fondateurs et l'administrateur de cette ambulance, nous nous abstiendrons soigneusement de toute appréciation, — et même nous ne l'avons mentionnée que pour saisir une occasion excellente de rendre hommage à l'admirable dévouement des trois sœurs de saint Vincent de Paul, qui s'occupent nuit et jour de nos nombreux blessés et malades.

Nous n'oublierons jamais leur touchante abnégation, ni le zèle éclairé dont elles donnent des preuves éloquentes, en nous aidant à triompher des difficultés toujours croissantes que fait éprouver (notamment pour l'alimentation, le chauffage et l'éclairage) l'investissement si cruel et si prolongé de Paris !

Hier, nous lisions dans divers journaux que quarante-sept sœurs de saint Vincent ayant été envoyées à Bicêtre pour soigner les centaines de varioleux qui y sont hospitalisés, onze d'entre elles succombèrent au fléau. On en demanda onze pour les remplacer : il s'en présenta de suite trente-deux, et il fallut tirer au sort !

Certes, un pareil trait est bien émouvant, — mais nous n'en avons été nullement surpris, car nous voyons à l'œuvre ces saintes filles, que l'on ne saurait trop vénérer. Le poëte a raison,

> Leur douce voix dit : *Espérance !*
> Et leur devise est : *Charité !*

*
* *

Le 1er janvier, deux dames de Passy sont venues visiter nos malades et leur apporter leurs étrennes. Accompagnées des bonnes sœurs, qui avaient préparé à nos chers pensionnaires un goûter de circonstance, — biscuits, confitures et vin vieux, — elles sont allées de lit en lit offrir, avec de cordiales paroles d'encouragement, diverses friandises, de petites pièces blanches et du tabac. Ces témoignages de sympathie ont été accueillis avec gratitude par tous ces braves militaires éloignés de leurs familles. L'un d'eux, vivement ému en recevant son cornet de bonbons, murmurait en essuyant une larme :

« Ah ! si mon petit Georges était là ! »

Hélas ! le pauvre père ne devait pas revoir ceux qu'il aimait tant !...

Vendredi, 27 janvier

THÉATRE-ITALIEN.

MM. Bagier, directeur du Théâtre-Italien, et Masson, l'un des propriétaires de la salle, ont créé vers la mi septembre cette importante ambulance, qui est restée entièrement à leur charge jusqu'à la fin de novembre. A partir de ce moment, un comité italien, formé par MM. Henri de Castro et Falconnet, prêtant son appui à cette œuvre généreuse, a pris une large part aux nombreuses dépenses de tout genre.

Les membres de la Commission de l'ambulance sont, sous la présidence de M. de Castro, MM. Brufel et Sighicelli, Accursi, Baldani, Ballauri, Bellini Luigi, Bellini Felice, Cajano Eugenio, Cajano Luigi, Centomani, Cucinotta, Gusani, Falconnet, Gariboldi, Giuliani, Granara, Levi, Magagna, Miccio, Manicardi, Netti, Peirani, Rizzelli, Spaventi, Varese.

D'autres Italiens, de distinction également, rendent aussi, comme membres auxiliaires, de grands services à l'association.

M. le docteur Vio Bonato est président honoraire du

Comité. M. Centomani, qui donne des soins aux blessés, est allé en outre, sur les divers champs de bataille, installer des ambulances volantes.

La Commission italienne, présidée par M. de Castro, s'est adjoint quatre membres français : MM. Amouroux, Cadart, Lassalle et Marmontel. — Elle n'a rien de commun avec celle qui siége rue Taitbout.

MM. les docteurs Richet, Hillairet, Mathieu, Tassy, Contour, Isambert, Benoist, Vio Bonato et Poggioli se sont cordialement consacrés aux blessés.

A l'infirmerie et à la lingerie, plusieurs dames exercent leur dévouement ingénieux. On nous a cité Mmes la comtesse Visconti, la marquise de Corvaïa, Consul, Sighicelli, Nogaro, Buonsollazzi, Buquet, Rainal, Ballauri, Brufel et Bernier, Mlles Urban et Sanz, Mmes de Lagrange, Raoul de Navery et Doria.

M. Béral, propriétaire de la pharmacie anglaise et française, délivre gratuitement les médicaments.

L'ambulance contient trente lits (dont quatre pour officiers dans une pièce séparée). Dans le grand foyer, les pièces attenantes, et les loges luxueuses et salons d'avant-scènes, on a déjà traité, avec beaucoup de succès, plus de soixante soldats et mobiles gravement atteints.

La Commission ayant prêté quatorze voitures et attelages de maître, l'intendance de la garde nationale a fourni, de son côté, une trentaine d'omnibus.

L'ambulance italienne a recueilli des blessés, après les combats sous Paris, non-seulement pour le Théâtre-Italien, mais encore pour les hôpitaux militaires.

M. Bagier, constamment sur la brèche, s'est, dès le début, occupé des moindres détails; la prévoyance et l'activité de l'habile directeur ont triomphé de bien des obstacles. Afin d'augmenter les ressources de l'œuvre, il a eu la bonne idée de transformer en chapelle le péristyle intérieur du théâtre, et chaque dimanche les principaux artistes y chantent une série de morceaux choisis. Le premier dimanche, on a exécuté d'une manière ravissante, dans ce temple improvisé, la messe de Rossini.

Samedi, 28 janvier

COLLÈGE CHAPTAL,

Boulevard des Batignolles.

En commençant cette revue des ambulances parisiennes, nous nous étions promis de ne subir aucune influence, et nous croyons fermement nous être tenu parole. Avec une émotion douce et profonde et un empressement très-naturel, nous avons, au courant de la plume, signalé les actes de touchant dévouement, de générosité, de patriotisme, dont un heureux hasard nous a rendu souvent le témoin en décembre et janvier.

Après avoir parlé des ambulances organisées dans les églises, les palais, les maisons particulières, les couvents, les ministères, les gares, les théâtres, les hôtels, etc., nous nous occuperons aujourd'hui de l'œuvre du Comité évangélique, dirigée d'une façon remarquable par Mlle Vernet (petite-nièce de la célèbre Mme de Staël) et par M. de Guerle.

Le grand bâtiment du collége Chaptal, encore inachevé, et situé sur le boulevard des Batignolles, ayant été obligeamment prêté à la Société protestante par la ville de Paris, qui concourut aux dépenses nécessaires pour le rendre habitable, fut, dans le courant de septembre, transformé non sans peine en ambulance, ou pour mieux dire en un hôpital de trois cents lits, dont quarante sont à la charge spéciale du Comité des Suisses.

En parcourant ces nombreuses salles (six de chirurgie et quatre de médecine), bien chauffées, et auxquelles on a donné les noms des places françaises qui, pendant cette horrible guerre, se sont si vaillamment défendues, nous avons pu constater avec quel zèle, avec quel dévouement de toutes les heures, sont soignés les pauvres soldats accueillis dans cette vaste ambulance.

Disons, avant d'aller plus loin, que le nombre total des lits entretenus ou patronnés à Paris par le Comité évangélique s'élève à sept cents.

Près de mille malades ou blessés ont été reçus au nouveau collége Chaptal depuis l'ouverture de l'établissement. Il en est mort quatre-vingt-dix.

Dans une salle spéciale, une vingtaine de Prussiens sont traités — d'une manière qui devra leur laisser un excellent et durable souvenir de la générosité française!

M. le docteur Wurtz, doyen de la Faculté de médecine, s'est intéressé tout particulièrement à l'œuvre du Comité.

Le service chirurgical et médical est fait, sans rémunération aucune, par MM. Marjolin, Labbé, Calvis, Gaume, Reverdin et Maunoir pour la chirurgie, et MM. Gros, Denjoy, Gonthier et Arnal pour la médecine. M. le docteur Monod, après l'avoir organisé, dirige ce double service. MM. Caventou et Lachartre s'occupent de la pharmacie.

M. l'abbé Michaud, attaché à l'église de la Madeleine, vient chaque jour dans les salles. Les protestants sont visités par M. le pasteur Guillaume Monod.

Nous avons vu, en voie de rétablissement, un jeune sous-officier qui, blessé à la tête, ne se préoccupait, lorsqu'il était en danger, que de son capitaine, tombé près de lui pendant le combat.

Un autre brave, Gabriel Bataille, retraité comme sergent avec la médaille militaire, à cinquante-cinq ans, s'étant engagé dès le commencement de la guerre en qualité de simple soldat, a été grièvement atteint le 30 novembre, et nommé caporal.

Dieu merci, l'on sauvera ce vaillant défenseur du pays !

Dans chaque salle se trouvent, toute la journée, des dames qui prodiguent leurs soins à nos soldats avec une chaleur d'âme et une persévérance admirables. — La directrice nous a mené au chevet du lit de douleur d'un petit volontaire, né à Caen et âgé de seize ans à peine, presque agonisant, hélas ! — et soigné maternellement. Plusieurs de ses camarades, également traités à l'ambulance, ont déclaré qu'il s'était battu « comme un lion » !

En regardant cette jeune figure pâlie, mais si intelligente, si sympathique, éclairée par de grands yeux noirs, — qui, en présence de l'ennemi, devaient lancer des flammes! — nous nous sommes pris soudain à songer, le cœur serré, à la dernière invocation du poëme des *Martyrs* : « La jeunesse est une chose charmante ; elle part au commencement de la vie, couronnée de fleurs, comme la flotte athénienne pour aller conquérir la Sicile... » Pauvre enfant enthousiaste, tu partais, toi, pour aider à la délivrance de ta patrie ! Tu donnais, sans compter, à ton pays en deuil, tes trésors d'espérance ; ton âme ardente ne connaissait pas l'hésitation ; malgré ta famille anxieuse, tu courais au danger, plein de foi et d'indomptable courage ! Cher héros obscur, fasse Dieu qu'à défaut de cette gloire bruyante que tu ne cherchais pas, la santé te revienne bientôt ! Qu'il permette que, du moins, le sourire des riantes illusions erre encore sur tes lèvres aujourd'hui décolorées, et que le doux rayon d'avril brille de nouveau dans tes yeux limpides.

Mais, hélas ! personne ici n'ose plus l'espérer ! Non, il faudrait un miracle... Dans quelques heures sans doute, tout sera fini ; ce regard déjà voilé va s'éteindre, — et ta pauvre mère ne te reverra qu'au ciel !

O sainte et fière jeunesse, on ne saurait trop admirer ton noble dévouement ; fidèle au devoir, tu t'es jetée, impétueuse, au-devant de l'ennemi, à l'heure des beaux rêves d'avenir, et la France se souviendra toujours avec reconnaissance de tes généreux efforts !...

*
* *

Comme nous nous penchions, agitant ces pensées, vers ce brave enfant épuisé par la souffrance, il nous regarda tristement et murmura :

« J'aimerais bien à vivre encore ! »

FIN.

LISTE ALPHABÉTIQUE

DES PERSONNES MENTIONNÉES DANS L'OUVRAGE

FIN DE LA TABLE ALPHABÉTIQUE

TABLE

FIN DE LA TABLE.

Achevé d'imprimer

LE DIX OCTOBRE MIL HUIT CENT SOIXANTE ET ONZE

PAR D. JOUAUST,

AUX FRAIS DE E. MAILLET,

Libraire à Paris.

www.ingramcontent.com/pod-product-compliance
Ingram Content Group UK Ltd.
Pitfield, Milton Keynes, MK11 3LW, UK
UKHW022116190726
13855UKWH00003B/889

9 782013 071994